사막을 달리는 간호사

님께

드림

사막을 달리는 간호사

중환자실을
달리던
간호사는
왜
사하라 사막을
달리게
된 걸까?

김보준 지음

포널스
출판사

42
Bo Jun

HONAM
UNIVERSITY

Prologue

사람들이 죽기 전에 가장 많이 하는 후회가 무엇일까요?

고급 외제차를 타고 궁궐 같은 집에 살지 못한 것도, 돈을 더 많이 벌지 못했던 것도 아닙니다. 바로 내가 살고 싶었던 삶이 아닌 다른 사람들이 기대하는 모습으로 살아왔던 것을 가장 많이 후회한다고 합니다.

인생은 게임처럼 두 번, 세 번 살 수 있는 것이 아닙니다. 누구에게나 오직 단 한 번의 기회만 있을 뿐입니다. 다행인 것은 먼저 살아왔던 사람들로부터 어떤 것을 가장 후회하는지를 들을 수 있다는 것입니다.

우리는 좋은 대학에 가고 좋은 직장에 취직하는 것이 꿈이 되어버린 시대를 살고 있습니다. 요즘은 초, 중, 고 그리고 대학생활까지 오직 취업을 위해 살아간다고 해도 과언이 아닙니다. 그리고 우리는 마침내 치열한 취업 전선에서 승리를 거머쥔 후 들뜬 마음으로 직장생활을 시작하게 됩니다. 하지만 취업의 기쁨도 잠시, 정신없는 신입의 기간을 거쳐 일이 손에 익어 갈 무렵부터 현실에 안주하고 반복된 일상의 매너리즘에 빠지게 됩니다. 오랫동안 정신없이 달려왔던 목표인 취업. 취업이라는 목표가 정말 그렇게도 우리가 원하고 갈망하던 꿈이었을까요?

사회나 타인이 나에게 기대하는 것이 아닌 자신의 내면으로부터 들려오는 목소리에 귀 기울였을 때 비로소 알 수 있는 가슴 뛰는 꿈을 모두 하나씩은 가지고 있을 것입니다. 반복되는 일상의 매너리즘에 빠져 꿈을 잊고 하루살이처럼 의미 없는 하루하루를 버텨 내고 있는 많은 간호사, 그리고 현대 사회의 직장인들에게 이 책이 가슴 뛰는 긍정적인 자극이 되길 희망합니다. 또한 잊고 지냈던 자신의 '꿈'에 대해서 다시금 생각해 볼 수 있는 좋은 기회가 되었으면 합니다. 마지막으로 불우한 이웃들에 대한 관심과 나눔이 활성화되어 모두가 행복한 세상을 만들어 나갈 수 있길 바라봅니다.

250km의 사하라 사막 마라톤은 저 혼자였다면 결코 해낼 수 없었을 것입니다. 하지만 저의 꿈을 믿어 주는 소중한 분들이 있었기에 끝까지 포기하지 않고 이루어 낼 수 있었습니다. 그리고 그분들이 있었기에 이 책이 세상에 나올 수 있었다고 생각합니다.

꿈을 이룰 수 있도록 든든한 버팀목이 되어 준 모든 분들에게 다시 한번 감사의 말을 전하고 싶습니다.

대한간호협회 회장 신 경 림

젊음이라는 믿음과 새로운 도전에 대한 생각

청춘(青春)을 우리는 한창 젊고 건강한 나이 또는 그런 시절을 봄철에 비유하여 말하기도 한다. 간호사의 길을 선택한 저자 역시 인생에 있어 자신을 꽃피우는 시기에 머물지 않고 또 다른 도전을 통하여 얻은 경험과 성취감을 이 책에 솔직하게 말하고 있다. 그리고는 새로운 꿈을 갖고 도전했던 사하라 사막 마라톤에 참가했던 경험을 담담하게 적고 있다.

살면서 누구나 한 번쯤 현재의 처지가 갑갑하게 느껴지거나 힘들 때가 있을 것이다. 저자는 그 시간 속에서 잊고 있던 꿈을 향해 도전장을 내밀어 그것을 하나씩 이루어가며, 꿈을 실천해 보는 것은 생각보다 어려운 일이 아니었다고 말한다. 인생에 있어 젊음은 꿈을 꿀 수 있는 미래가 있기에, 그 미래가 분명 날 일어서게 하리라는 믿음이 있기에 도전은 필요하다고 이 책은 말하고 있는 것이다. 그리고는 서울아산병원 외과계중환자실을 벗어나 6박 7일간의 사하라 사막 마라톤을 통하여 느꼈던 고통마저도 지난 후 생각해 보면 행복하다고 고백한다.

저자는 무엇이 가치 있는 인생이며, 그렇게 살기 위해서는 어떠한 방법과 자세를 취해야 할지, 왜 머리는 냉철하고 가슴은 뜨거워야 하는지, 도전이라는 선택을 했으면 왜 집중이 필요한지에 대하여 말하며 자신의 도전을 많은 이들과 공감하고 나누고자 하고 있다.

목차

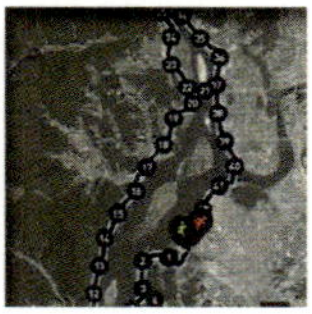

1장

간호사가 될 거예요

간호사가 될 거예요

"원래부터 간호사가 꿈이었어요?"

간호사로 일하다 보면 종종 받게 되는 질문이다. 질문에 대한 대답으로 뭔가 근사한 이유를 이야기하고 싶지만 솔직히 말해 사실 처음부터 간호사가 되려고 했던 것은 아니었다. 그렇다고 내가 나이팅게일과 마더 테레사 수녀님처럼 인류애와 희생정신을 가진 사람도 아니었다. 고등학생이 될 때까지 명확한 꿈도 없었고 하고 싶은 것도 별로 없었다. 공부를 잘하는 것도 아니었고 그렇다고 운동을 남들보다 잘하지도 못했다. 나는 그저 공부하기 싫어하는 지극히 평범한 고등학생 중 한 명이었다. 그렇게 아무런 꿈도 없이 살던 내가 간호사가 되는 것을 처음으로 생각하게 된 것은 고3 때였다.

학년이 올라가면서 문과와 이과를 결정해야 하는 시기가 찾아왔다. 내가 좋아하는 과목이나 분야가 명확히 있었던 것이 아니었기 때문에 문과, 이과 어느 한 곳을 쉽사리 선택할 수 없었다. 하지만 큰 고민 없이 주변의 친한 친구들을 따라 나도 이과를 선택했다. 그 후 이과 공부를 하게 되면서 생물과 같은 과학탐구 과목에서는 그나마 흥미를 느낄 수 있었지만 이과의 핵심 과목인 수학은 전혀 내 적성에 맞지 않았다. 수학을 공부하며 생각했다. 대학교에 갈 때는 꼭 수학을 공부하지 않아도 되는 학과를 선택해야겠다고. 물론 훗날 열심히 약물의 속도와 용량 계산을 하며 매일을 숫자와 함께 일하게 됐지만 말이다.

고3이 되면서부터 조금씩 불안해지기 시작했다. 하고 싶은 것이 없고 꿈도 없던 나에게도 어김없이 진로를 결정해야 하는 순간이 찾아온 것이다. 주변을 둘러보니 많은 친구들이 명확한 꿈을 정하고 그 꿈을 이루기 위해 열심히 노력하고 있었다. 나 혼자 앞으로 가지 못하고 어떠한 방향이나 갈피도 잡지 못한 채 주변을 맴돌고 있었다. 그런 스스로가 갑자기 한심하게 느껴지기 시작했다. 더 이상 아무런 목표나 꿈 없이 이렇게 무기력하게 살아갈 수는 없었다. 나에게는 내 미래에 대한 진로를 진지하게 생각해 볼 수 있는 시간이 필요했다.

야간자율학습 시간, 기나긴 고민 끝에 내가 펼쳐든 것은 교과서가 아닌 대학입시 정보가 담긴 두툼한 책 한 권이었다. 전화번호부를 연상시키는 두꺼운 책 속에는 전국에 있는 수많은 대학교의 입시 정보들이 빼곡하게 적혀 있었다. 내가 생각하는 것 이상으로 전국에는 많은 대학교들과 이름도 생소한 다양한 학과들이 있었다. 나는 마치 재미난 소설책이라도 읽는 것처럼 집중해서 책에 나와 있는 학과 하나하나를 읽어 내려갔다. 수학과 관련된 학과를 제외하고 찾다 보니 자연스레 공대에 속해 있는 학과는 나의 대학 지원 선상에서 사라졌다. 그리고 나에게 어울리지 않는다고 생각되는 선택지를 하나 둘 지워 나가기 시작했다. 그러자 내가 가고 싶은 학과들이 조금씩 좁혀지기 시작했고 그렇게 선택지를 지워나가다가 맨 마지막에 남게 된 것이 바로 '간호학과'였다.

이것을 계기로 나는 간호학과라는 곳에 관심을 가지기 시작했다. 주변 친구들에게 간호학과에 대해 처음 이야기를 꺼냈을 때 가장 먼저 나오는 반응은 신기함이었다.

"남자인데 간호학과에 가려고?"

지금은 간호학과에 지원하는 남성들의 비율이 매해 높아지면서 많은 남자 간호사들이 배출되고 있지만 내가 고등학생이었던 그 당시에는 남자가 간호학과에 지원하는 것은 그리 흔치 않은 일이었다. 사람들에게 간호학과, 간호사라는 직업은 여자들만의 전유물로 생각되곤 했다. 그래서 그랬던 걸까, 많은 사람들이 가지 않은 길에 대한 호기심이 생기기 시작했다. '남자라고 못할 것도 없고 여자라고 잘할 것도 없지 않은가?' 지금 생각해 보면 그때의 나는 무엇인가 오기가 생겼던 것 같다. 그해에 내가 졸업한 학교에서 간호학과를 지원한 남학생은 나를 포함해 단 3명뿐이었다.

간호학과로의 진학을 결정한 후 '간호사'라는 직업에 대해 호기심을 가지고 하나 둘 알아보기 시작했다. 그 당시의 나는 간호사라고 하면 그저 아플 때 병원에 가면 엉덩이에 주사를 놓아 주는 사람 정도로 생각하고 있었다. 하지만 그런 내 생각이 틀렸다는 것을 알게 되기까지는 그렇게 오랜 시간이 걸리지 않았다. 실제로 간호사는 내가 생각하는 것 이상으로 다양한 의료분야에서 폭넓게 전문적으로 일을 하고 있었다. 3교대의 교대 근무 특성상 업무 강도가 강해 육체적으로 굉장히 힘든 직업이라는 부정적인 이야기도 적지 않았다. 하지만 그럼에도 불구하고 간호사는 아픈 사람들을 돌보고 의사와 함께 사람들의 생명을 살려내는 매력적인 직업이었다. 그렇게 나는 간호사라는 직업에 대해 알면 알수록 더욱 흥미를 느끼게 됐고 간호사가 되겠다는 내 결심에 대해 점점 더 마음을 굳히고 확신을 가지게 됐다.

사실 중학생 때까지만 해도 나는 공부를 썩 못하는 편은 아니었다. 하지만 왜 공부를 해야 하는지 공부에 대한 목표 의식이 없었고 공부에 대한 필요성을 전혀 느끼지 못했다. 결승선을 모르고 달리는 마라토너는 금방 의지를 상실하고 지쳐 버리기 마련이다. 목표 없는 공부 또한 마찬가지였다. 나는 얼마가지 않아 공부에 대한 흥미를 잃어 버렸다. 그 대신 즐거움을 찾을 수 있는 컴퓨터 게임에 점차 빠져들기 시작했다. 게임에 빠져 있는 시간이 점점 더 늘어나고 게임 속의 캐릭터 레벨이 높아지는 속도만큼이나 성적은 끊임없이 아래로 곤두박질쳤다. 학원을 다녔지만 의지가 없는 나에게는 아무런 소용이 없었다. 중학교 입학 후 받은 첫 시험 성적표에 적힌 한 자리의 석차가 세 자리로 바뀌는 데는 그렇게 오랜 시간이 걸리지 않았다.

'간호학과 입학'이라는 명확한 목표를 정하고 나서부터는 공부도 더 집중해서 할 수 있었다. 내가 왜 공부해야 하는지를 스스로 알고 있었고 어떤 곳을 보고 달려야 하는지를 명확히 알고 있었기 때문에 지치지 않고 노력할 수 있었다. 하지만 열정만으로는 모든 문제가 쉽게 해결되는 것은 아니었다. 방황하던 중학교 때의 기나긴 학업의 공백을 메우는 일은 좀처럼 쉬운 일이 아니었고, 기초가 많이 부족한 탓에 성적은 마음처럼 쉽게 올라 주지 않았다.

지금은 말할 것도 없겠지만 간호학과는 그 당시에도 취업이 잘 되는 학과로 학생들 사이에서 인기가 많아 입시경쟁이 굉장히 치열한 학과 중에 하나였기에 합격을 위한 평균 점수 또한 만만치 않았다. 하지만 간호학과 입학이라는 하나의 목표를 세우고 열심히 노력한 끝에 간호학과를 노려 볼 만큼의 수능 모의고사 성적표를 손에 넣을 수 있었다.

오늘 OT 출발했어요

인생을 살다 보면 세상은 마음먹은 대로만 호락호락하게 흘러가지 않는다는 사실을 알게 된다.

그해에 내가 치른 수능 또한 그러했다. 수능시험을 마치고 집으로 돌아오자마자 방문을 걸어 잠그고 책상 앞에 앉았다. 인터넷에 올라온 시험지와 답안지로 가채점을 하기 위해서였다. 시험의 긴장감과 떨림은 시험장 밖을 나와 내 방 안까지 이어졌다. 가장 먼저 1교시였던 언어영역을 가채점했다. 문제 하나하나를 정답과 맞춰갈 때마다 맞혔을 때의 희열과 틀렸을 때의 슬픔이 끊임없이 교차했다. 채점을 하면 할수록 내

답안지와 인터넷에 올라와 있는 답지 사이에는 너무나 많은 차이가 있었다는 것을 알게 되었다. 처음에는 인터넷에 올라온 답지가 잘못된 줄만 알았다. 그렇게 믿고 싶었다. 하지만 잘못된 것은 답지가 아닌 내 답안지였다. 언어영역의 점수를 확인한 순간 '나는 한국어를 못하는 외국인인 게 분명해.'라는 생각이 들었다. 그래서 다음으로 외국어 영역을 채점했는데 성적을 확인해 보니 확실히 외국인은 더 아니었다. 갑자기 헛웃음이 튀어나왔다. 채점 결과는 너무나 절망스러웠고 그런 현실을 받아들이고 싶지 않았다. 불행 중 다행으로 나머지 과목에서는 그래도 평소와 비슷한 성적을 받을 수 있었다.

열심히 노력한 시간들에 비해 내 수능 성적은 기대에 미치지 못했다. 지금의 수능 성적으로는 목표했던 대학은 물론 간호학과에 지원할 수 있을지조차 확신이 들지 않았다. 그렇다고 성적에 맞춰 다른 학과로 진로를 바꿔 지원하고 싶진 않았다. 그렇다면 내가 받은 성적에서 최선의 선택을 해야 했다. 몇 날 며칠을 컴퓨터 앞에 앉아 전국의 간호학과가 있는 대학교 홈페이지를 뒤적거렸다. 나에게 가장 유리한 입시 전형을 가진 대학교를 찾기 위해서였다. 정시로 대학을 지원하게 되면 가, 나, 다 총 3군데의 대학에 지원할 수 있었다. 주변 친구들을 보면 성적에 맞춰 서로 다른 학교와 학과를 적는 경우가 많았다. 하지만 나는 3군데 모두 간호학과에 지원했다. 간호학과가가 아니면 딱히 가고 싶은 학과가 없었기 때문이었다. 지원한 곳들 중 어느 곳 하나 내 수능 성적으로는 합격 안정권인 곳이 없었다. 하지만 다행히 추가 합격이라는 가능성을 기대할 수 있는 추가 합격자 대기번호를 받을 수 있었다. 그때부터 기나긴 기다림이 시작됐다.

하지만 간호학과는 인기학과였기에 합격을 취소하는 사람이 많지 않았다. 대기번호는 좀처럼 줄어들지 않았고 내 앞에는 아직도 추가 합격을 기다리는 수십 명의 대기자들이 있었다. 어쩌면 이 기다림은 그저 희망고문인 것 같다는 생각이 들기 시작했다. 기나긴 기다림은 추가 합격 발표의 마지막 날까지 이어졌다. 하루하루를 간절하게 기다리며 혹여나 추가 합격 연락이 오지 않을까 항상 휴대전화를 손에 꼭 쥐고 다녔다. 하지만 그러한 간절한 기다림에도 불구하고 추가 합격 발표 마감일까지 내 휴대전화는 울리지 않았다. 결국 내 차례는 오지 않았고 기적은 일어나지 않는 듯했다. 눈앞에서 하늘이 당장이라도 무너져 내릴 것만 같은 기분이 들었다. 지금까지 간호학과를 가기 위해 노력해 왔던 모든 것들이 한순간에 무의미해지는 것 같았다.

그날 늦은 저녁, 착잡한 마음을 위로해달라는 요량으로 집 근처로 친구를 불러냈다. 친구를 만나 앞으로의 진로에 대한 이야기를 나눴고 친구는 한껏 풀이 죽어 있는 나를 위로해 주고 있었다. 그때 처음 보는 낯선 번호로 한 통의 전화가 걸려 왔다. 갑자기 심장이 두근거리기 시작했지만 이미 공지했던 합격자 발표 마감시한을 훌쩍 넘긴 늦은 저녁이었기에 추가 합격 전화를 기대할 수는 없었다.

"여보세요?"

"네, 안녕하세요. 김보준 학생 맞으시죠?"

"네, 그런데요."

"혹시 다른 대학교에 등록하셨나요? 급하게 한 분이 등록을 취소하셔서...."

그 소리를 듣고 너무 놀란 나머지 갑자기 온몸에 소름이 돋기 시작했다. 모든 것을 내려놓은 순간 기적 같은 일이 일어났다. 지금은 대학 입시가 인생의 전부가 아니라는 것을 잘 알고 있지만 그 당시의 나는 너무나도 간절했기에 그 상황은 어떤 반전 드라마보다 더 짜릿한 전개처럼 느껴졌다.

"아직 등록한 곳이 없으시면 등록하시겠어요?"

수화기 너머로 들려오는 질문에 대한 답변을 위해 최대한 차분한 척 목소리를 가다듬었다. 괜히 흥분된 내 감정을 들키고 싶지 않았기 때문이었다.

"네, 등록하도록 할 게요."

그 당시 나는 대학생활의 첫 시작이자 꽃이라는 신입생 오리엔테이션에 대한 로망이 있었다.

"그런데 혹시 신입생 OT는 언제죠?"

수화기 반대편으로 잠깐 당황한 듯 짧은 정적이 이어진 후 한마디의 대답이 들려왔다.

"간호학과 OT는 오늘 출발했어요...."

"아, 그렇군요...."

전화를 끊자 옆에서 통화를 듣고 있던 친구가 이미 내 합격 소식을 눈치채고 나를 향해 미소를 지어 보이고 있었다. 나는 미친 듯이 소리를 지르며 친구와 함께 합격의 기쁨을 나눴다. 내 합격을 축하해 주기라도 하듯 하늘에서는 하얀 눈이 쏟아지고 있었다. 그날의 겨울밤은 온몸이 시릴 만큼 차가웠지만 나에게는 그 어느 날보다 따스한 기억으로 남아 있다. 조금 늦게 돌아 가긴 했지만 나는 그토록 원하던 간호학과에 입학할 수 있게 되었다.

누구보다 뜨거웠던 스무 살의 여름

비록 기대했던 신입생 오리엔테이션에는 참석하지 못했지만 나는 걱정과 달리 누구보다 학과 생활에 잘 적응하고 있었다. 남중(男中)에 남녀 분반이었던 고등학교를 거치며 주변에 여자인 친구가 별로 없었다. 그래서 대학에 가서 여자인 친구를 사귀는 것에 대해 걱정을 많이 했었다. 하지만 그 걱정이 무색할 만큼 나는 거리낌 없이 친구를 사귀며 친해질 수 있었다. 여느 신입생들처럼 수업이 없는 날에는 친구들을 만나 놀면서 캠퍼스 생활을 한껏 즐겼다. 대학생활의 즐거움에 빠져 적당히 공부하고 신나게 놀다가 어느 순간 정신을 차려 보니 순식간에 한 학기가 지나가고 있었다. 점점 더 무더워지고 있는 날씨는 대학생이 되고 처음으로 맞게 될 여름방학이 가까워졌음을 의미하고 있었다.

어느 날 강의를 마치고 우연히 길을 걷다가 벽에 붙어 있는 포스터 한 장을 발견했다. 포스터에는 대학생 해외봉사단을 모집하고 있다는 내용의 공고문이 적혀 있었다. 아직 우리나라도 잘 돌아다녀 본 적이 없는 갓 스무 살이 된 나에게 해외는 지금까지 살면서 접해 본 적이 없는 전혀 다른 미지의 세상처럼 느껴졌다. 만약 합격하게 된다면 첫 해외여행이자 첫 대외활동을 해외봉사로 시작할 수 있을 것이다. 심지어 최종 합격을 한 사람에게 활동비 전액을 지원해 준다는 문구가 적혀 있었다. 포스터를 계속 보고 있자니 갑자기 가슴이 미친 듯이 두근거리기 시작했다. 우연히 마주한 포스터였지만 오래전부터 내가 이곳을 지나가기만을 기다리고 있었던 것 같은 느낌을 받았다.

기숙사에 돌아가자마자 당장 포스터에 적혀 있는 홈페이지 주소로 들어가 지원양식에 맞춰 정성들여 지원서를 작성하기 시작했다. 생각해 보면 이때 해외봉사단 지원을 위해 적었던 지원서가 내 인생의 첫 자기소개서였다. 지원서를 쓰는 내내 나는 한껏 들떠 있었다. 이미 내 마음은 머나먼 인도로 떠나 멋지게 해외봉사를 하며 여름방학을 보내고 있었다. 완성한 지원서를 저장하고 '지원하기' 버튼을 눌렀을 때의 마음은 대학 입시를 준비할 때만큼이나 설레고 간절했다.

운이 좋았는지 얼마간의 시간이 지난 후 서류 합격을 알리는 문자 한 통을 받을 수 있었다. 그리고 그 문자에는 2차 면접에 관한 내용이 담겨 있었다. 하필이면 여름방학을 시작하기 전 마지막 시험인 기말고사 바로 전날로 면접이 잡혔다. 면접 장소도 내가 지내고 있는 지역이 아닌 서울이었다. 차로 왕복 8시간이 걸리는 거리를 기말고사 시험 바로 전날 면접을 위해 오가야 했다. 기말고사 시험도 분명히 중요했지만 그 이상으로 해외봉사에 대한 마음이 간절했기에 갈지 안 갈지를 고민할 필요가 없었다. 문자로 면접 날짜를 통보받은 순간부터 곧바로 면접 준비와 기말고사 준비에 돌입했다. 정신없이 바쁜 시험기간이었음에도 나는 기말고사를 하루 앞둔 날 서울행 버스에 몸을 실었다.

생에 첫 면접에서 나는 무척이나 긴장해 있었다. 하지만 절실했던 만큼 떨리는 목소리로 최선을 다해 하고 싶은 이야기를 하고 면접장을 나왔다. 기말고사가 끝나고 여름방학이 시작되던 날, 나는 꿈에도 그리던 해외봉사단 최종 합격 문자를 받을 수 있었다. 나에게 일어난 일이 너무 기쁜 나머지 마치 현실이 아닌 것처럼 느껴졌다. 그렇게 나는 스무 살의 어린 나이에 현대기아자동차에서 주관하는 '해피무브 글로벌 청년봉사단'에 합격하는 행운을 얻었다. 만약 내가 벽에 붙어 있는 포스터를 보고 그냥 지나쳤다면 아마 이런 소중한 기회를 잡을 수 없었을 것이다. 이때 나는 원하는 것을 얻기 위해서는 생각이 아닌 행동으로 바로 옮겨야 한다는 사실을 경험을 통해 배울 수 있었다.

스무 살의 여름, 내 생애 첫 해외여행이자 첫 대외활동이었던 해외봉사를 위해 인도 남부에 위치한 첸나이로 날아갔다. 당시 나는 수백 명의 봉사단원들 중 가장 막내였다. 내가 첫 해외여행으로 비행기를 탄다고 하니 함께 봉사를 가는 형과 누나들이 짓궂게 장난을 치기도 했다.

"너 비행기 탈 때는 신발 벗어야 하는 거 알지?"

"아, 정말이요?"

"그래서 신발주머니도 챙겨 와야 해, 너 설마 안 들고 왔어?"

아무것도 모르고 진심으로 그 말을 믿고 있는 나를 보고는 형과 누나들이 모두 깔깔깔 웃어댔다.

처음 도착한 인도에서 나를 반긴 것은 40도를 웃도는 살인적인 무더위였다. 한국의 여름은 감히 명함도 내밀지 못할 것 같았다. 가만히 있기만 해도 온몸에서 땀이 흘러내렸다. 살면서 경험해 본 적이 없는 더위였다. 샤워를 해도 시원한 것은 그 순간뿐이었고 채 5분도 지나지 않아 또다시 땀이 온몸을 타고 흘러내렸다. 게다가 물이 부족한 지역인 탓에 샤워를 하는 것도 쉽지 않았다. 일인당 주어진 물 한 통으로 샤워와 빨래까지 해결해야 했다. 내가 욕심을 부려 한 통 이상의 물을 사용한다면 다른 사람이 씻지 못할 수도 있었기에 물을 양껏 사용할 수도 없었다. 처음에는 너무 답답하고 힘들었지만 2주 후에는 머리를 감으며 몸에 거품을 내고 양치를 하는 동시에 발로 빨래를 하는 나를 발견

할 수 있었다. 사람은 아무리 열악한 환경이라도 주어진 상황에서 어떻게든 적응해 나갈 수 있다는 것을 알게 되었다.

현지 숙소의 상황 역시 생각 이상으로 열악했다. 에어컨은 당연히 없었고 천장에 달린 커다란 팬 하나로 인도의 무더위를 버텨 내야 했다. 팬에서 불어오는 미적지근한 바람을 맞고 있자니 정신이 몽롱해지는 듯했다. 방안이 답답하게 느껴져 숙소 밖에 있는 벤치에 앉아 있는데 갑자기 뒤에서 누군가의 조심스러운 인기척이 느껴졌다. 처음에는 누군가 장난을 치려고 몰래 다가오는 거라고 생각했다. 뒤를 돌아봤을 때 내가 마주한 것은 사람이 아닌 커다란 뿔을 가진 소 한 마리였다. 숙소 앞 길거리를 자유롭게 돌아다니는 소는 나에게 커다란 문화충격으로 다가왔다. 갑자기 내가 인도에 와 있다는 사실이 강하게 실감나기 시작했다. 길거리의 건물들은 미처 완공하지 못한 듯 콘크리트 사이로 녹슨 철근이 삐죽 튀어나와 있었고 아이들은 신발도 없이 쓰레기가 가득한 길거리를 놀이터 삼아 뛰어다니고 있었다. 인도에서는 난생 처음 접해 본 환경과 광경들이 매일같이 눈앞에 펼쳐졌다.

내가 속한 의료봉사 팀이 맡은 과제는 현지 학교를 방문해 보건의료 교육을 하고 열린의사회에서 나온 의사들을 보조해 의료봉사를 하는 것이었다. 잠을 줄여가며 밤새 팀원들과 의료봉사에 대한 회의를 하고 보건의료 교육을 위한 교육 자료와 도구를 제작했다. 피곤한 몸을 이끌고 첫날의 봉사를 위해 현지 학교로 이동했다. 아이들은 피부색과 생김

새가 다른 우리를 신기한 눈으로 바라봤다. 솔직히 말해 처음에는 비위생적인 환경에서 뛰어 노는 아이들과의 접촉이 괜히 꺼려졌다. 하지만 아이들은 오랫동안 알고 지낸 것처럼 나에게 먼저 다가와 살갑게 대해주었다. 그들의 때 묻지 않고 맑은 눈을 보고 있으니 갑자기 마음속으로 벽을 쳤던 내 스스로가 부끄러워 얼굴이 붉어졌다.

낙후된 지역에서 접하기 어려운 의료혜택을 받을 수 있다는 소식에 이른 아침부터 긴 줄이 이어졌다. 대부분 병원이 멀리 있고 비싼 병원비 탓에 의료혜택을 제대로 받지 못하는 사람들이었다. 인산인해를 이

룬 수많은 사람들을 안내하고 관리하는 일은 좀처럼 쉬운 일이 아니었다. 하지만 치료를 받고 나오며 연신 감사의 인사를 우리에게 전하는 사람들의 모습에서 커다란 보람을 느낄 수 있었다. 우리는 서로 다른 언어를 사용했지만 그럼에도 불구하고 눈빛과 표정으로 충분히 서로가 어떤 이야기를 하는지를 알 수 있었다.

누구보다 뜨거웠던 스무 살의 첫 여름방학은 내 인생의 터닝포인트였다. 어린 나이에 첫 해외를 봉사활동으로, 좋은 사람들과 갈 수 있었던 것은 정말이지 내 인생의 큰 행운이었다. 처음 해외에 나가는 것만 해도 나에게는 엄청난 자극이었고 넓은 세상을 경험할 수 있게 했다. 2주는 길다면 길고 짧다면 짧은 기간이었지만 그 2주의 시간 동안 나는 다양한 경험을 통해 내적으로 많은 성장을 할 수 있었다. 함께 봉사에 참여했던 사람들은 하나같이 모두 좋은 분들이었고 배울 점도 정말 많았다. 지금 생각해 보면 그때의 경험과 그때 만났던 사람들은 내가 지금처럼 성장할 수 있게 해 준 양질의 자양분이 되어 주었던 것 같다.

해외봉사가 끝난 이후에도 나는 봉사활동이라는 뜻깊고 보람찬 활동의 매력에 빠져들었다. 대학생활 내내 봉사활동의 재미에 푹 빠져 대학교 봉사동아리 및 여러 곳에서 대학생 봉사단으로 활동하며 꾸준히 봉사를 이어 나갈 수 있었다. 봉사활동을 하며 느낀 것은 주변에 도움이 필요한 사람들이 많이 있다는 것과 봉사나 기부는 생각보다 어려운 일이 아니라는 것이었다. 그저 내가 가진 것을 조금 나누는 것만으로도 가치 있는 일이 될 수 있었다. 봉사활동은 그 자체만으로도 큰 보람과 의미가 있었지만, 봉사활동을 하며 여러 사람과 만나는 것 또한 나에게는 큰 즐거움이자 배움의 장이었다. 세상에는 나와 다른 생각을 가진 다양한 사람들이 있다는 것을 알게 해 주었고 그러한 각양각색의 다양한 시각으로 세상을 곁눈질할 수 있는 좋은 기회를 만들어 주었다.

꾸준히 해 왔던 봉사활동은 불우한 이웃들에게 따뜻한 나

각종 수료증 및 상패

대외 활동 당시 함께했던 친구들과

눔을 실천하는 동시에 나를 성장할 수 있게 해 준 감사한 일이었다. 대학을 졸업할 때에는 어느덧 200시간 이상의 봉사시간이 쌓여 있었다. 처음에는 봉사를 통해 내가 가진 것을 나누러 간다고 생각했다. 하지만 뒤돌아보면 도리어 그 자리에서 나는 내가 나눴던 그 이상의 것들을 얻을 수 있었다. 간호학과는 과 특성상 많은 학습량과 과제, 실습 등으로 학기 중에 눈코 뜰 새 없이 바쁜 나날들을 보낸다. 그래서 그런지 간호학과에서는 대외활동을 하는 사람들을 찾아보기 힘들다. 물론 책에서 배울 수 있는 것도 많지만 우리가 사는 세상은 책 속에 있지 않다.

다양한 경험이 없다면 좁은 시야를 벗어나기 힘들다. 대학생활 때 최대한 빨리 넓은 세계로 나가 다양한 사람들을 만나고 경험해 보는 것을 추천한다. 그게 굳이 해외일 필요는 없다. 물론 해외라면 더욱 좋다. 어항 속의 물고기는 좁은 어항이 전부인 줄 알고 살아가지만 바다로 나온 물고기는 바다의 크기만큼이나 선택의 폭과 미래를 바라보는 시야가 넓어지는 법이다.

열등감이 나를 만든다

간호학과에서의 공부는 생각보다 만만치 않았다.

입학하기 전부터 소문은 익히 들었지만 매주 쏟아지는 과제에 쪽지 시험, 방대한 시험 범위, 그리고 실습까지 눈코 뜰 새 없이 몰아쳤다. 학교를 다니는 내내 빡빡한 교육과정에서 실습시간으로 1,000시간을 채워 나가다 보니 대학생활 내내 여유가 많이 없었다. 하지만 그렇다고 해서 황금 같은 대학생활을 독서실에 앉아 공부만 하며 보낼 수는 없다고 생각했다. 공부 이외에도 다양한 프로그램, 봉사활동, 동아리 활동, 각종 공모전 등 살면서 오직 대학생 때만 경험할 수 있는 다양한 대외

활동들이 많다. 대학생활을 다양하게 즐기는 것은 대학생만이 누릴 수 있는 가장 큰 특권이다. 책상 앞에서 책장만 들여다보며 대학생활을 보내기에는 너무 아쉽지 않겠는가?

나는 평소에 사람을 만나고 이야기를 나누는 것을 좋아한다. 그래서 대학생활 동안 많은 시간을 다양한 사람들을 만나며 대외활동과 봉사활동을 하며 보냈다. 물론 학과 친구들과 모여 노는 자리에도 항상 빠지지 않고 참석하곤 했다. 평상시 나와 친했던 친구들은, 사람들도 자주 만나고 다양한 대외활동을 하면서 언제 공부를 하고 어떻게 좋은 성적을 꾸준히 유지할 수 있었는지에 대해 궁금해 하곤 했다. 친구들도 나와 같이 노는데 어째서 나만 성적을 좋게 받을 수 있는지 신기했던 모양이다. 처음에는 친구들이 내가 엄청 명석한 두뇌를 가지고 있는 줄 알았다고 한다.

하지만 나는 전혀 그런 사람이 아니다. 솔직히 말해 나는 늘 다른 사람들보다 내가 많이 부족하다고 생각하는 열등감을 마음속에 가지고 있다. 공부를 할 때에도 글을 읽는 속도가 남들보다 배로 느린 탓에 더 많은 시간을 투자해야 했고 어떤 일이든 남들보다 배우고 이해하는 게 더딘 편이었다. 내가 할 수 있는 것이라곤 남들보다 더 많이 그리고 더 열심히 노력하는 것뿐이었다. 단 한 번도 내가 남들보다 더 많은 재능을 가졌다고 생각한 적이 없었다. 그래서 사람들을 만나고 대외활동을 하는 시간을 제외하고는 항상 독서실에서 시간을 보냈다. 대학 입학 후부터는 TV를 보거나 게임을 하는 시간도 너무 아까워 모두 끊어 버렸다. 남들보다 더디고 느린 나였기에 늘 더 많은 시간이 필요하다고 생각했기 때문이었다. 시험기간에는 항상 스스로 공부한 것이 부족함 투성이라는 생각에 독서실에서 해가 뜨는 것을 보고 잠들곤 했다. 남들보다 머리가 똑똑하진 않았지만 다행히 남들보다 더 오랫동안 엉덩이를 붙이고 있을 자신은 있었다. 늘 같은 자리에 언제나 똑같은 자세로 앉아 있는 나를 보고 오죽하면 돌부처라는 말이 나왔을까.

어떤 시험이든 시험을 준비하며 최소 세 번 이상을 보고 시험장에 들어갔다. 처음에는 전반적으로 가볍게 글을 읽으며 봤고, 두 번째는 중요한 부분을 체크하며 책을 읽었다. 그리고 마지막으로는 잘 외워지지 않는 부분을 집중적으로 보며 머릿속에 공부한 내용들을 집어넣으려고 노력했다. 그리고도 부족하다는 생각이 들면 시간이 허락하는 한 머릿속에 들어올 때까지 끊임없이 반복해서 읽고 또 읽었다. 아이러니하게도 늘 열등감에 쌓여 있었던 덕분에 항상 자만하지 않고 꾸준히 노력할 수 있었던 것 같다. 지금 생각해 보면 오히려 열등감으로 인해 나는 늘 겸손할 수 있었고 낮은 자세에서 더 배우고 성장할 수 있었다.

한번은 스스로가 느끼기에는 턱없이 부족하다고 생각했던 시험에서 전 과목 A+를 받은 적이 있다. 내가 말로만 듣던 '과탑'을 대학생활 동안 경험하게 될 줄은 정말 상상도 하지 못했었다. 가장 늦게 간호학과의 문을 닫고 입학했던 내가 가장 앞에 서 있다고 생각하니 지금의 상황

[2012학년도 1학기 성적조회]

새로고침

이수구분	과목명	분반	학점	점수	성적
교선	자연재해의이해	01	3	98	A+
교선	해외문화엿보기	01	3	98	A+
전공	간호정보학	02	3	97	A+
전공	건강사정및실습	02	3	95	A+
전공	기본간호학및실습 I	02	3	95	A+
전공	병태생리학	02	3	96	A+

이 조금은 재밌게 느껴지기도 했다. 전혀 예상하지 못했지만 이러한 결과들 또한 모두 내가 가진 열등감에서 비롯된 긍정적인 결과였다. 항상 남들보다 부족하다는 생각은 예나 지금이나 크게 달라진 게 없다. 하지만 지금은 조금 다른 생각을 가지고 있다. 남들보다 부족하지만 그 부족함을 채우기 위해 남들보다 몇 배나 더 열심히 노력할 자신이 있다고.

뒤돌아보면 지금의 나를 만든 것은 '열등감'이었다.

꿈의 병원에 합격하다

평소 간호학과를 다니다 보면 주변에서 "간호학과는 졸업 후 취업 걱정이 없어 좋겠다."며 부럽다는 이야기를 심심치 않게 듣는다.

계속되는 극심한 취업난을 겪고 있는 요즘 세대를 생각해 보면 그들이 하는 말이 이해가 안 되는 것은 아니다. 하지만 이것은 단순히 취업률이라는, 표면적으로 보이는 일부분을 보고 하는 이야기이다. 간호학과에서도 모두가 가고 싶어 하는 좋은 병원을 들어가는 일은 다른 학과에서 대기업에 취업하는 것만큼이나 어려운 일이다. 마찬가지로 간호학과도 취업 시기가 오면 모두들 많은 걱정과 고민을 하고 원하는 병원에 들어가기 위해 피나는 노력을 한다. 단순히 취업률이 높다는 것이 그 높은 취업률만큼이나 쉽게 취업을 하고 있다는 것을 의미하는 것은 아니다.

대학교 4학년이 되자 나에게도 '취준생'이라고 불리는 취업 준비생의 기간이 찾아왔다. 자기소개서를 쓰는 것부터 못 다한 영어성적을 위한 공부와 각종 자격증, 그리고 학교 공부와 병원 실습까지 동시에 모든 것들을 준비해 나가는 것은 결코 쉬운 일이 아니었다. 그래도 지난 대학생활 동안 나름대로 열심히 살아왔다고 생각했기에 은연중에 취업에 대한 자신감을 어느 정도 가지고 있었다. 하지만 나는 김칫국을 마시고 있었다. 그것도 항아리째로. 취업은 생각보다 더 만만치 않았다. 가고자 했던 두 개의 병원에서 먼저 서류를 접수하기 시작했다. 몇 날 며칠을 자기소개서를 쓰고 고치고를 반복하며 컴퓨터 앞에서 머리를 싸매고 지냈다. 하지만 내 자만을 비웃기라도 하듯 거의 동시에 두 개의 병원에서 보기 좋게 서류 탈락을 통보받았다.

지금까지 스스로 생각했을 때 부끄럽지 않게 열심히 대학생활을 해 왔고 학업에도 많은 노력을 해 왔다고 생각했기에 연이은 탈락의 충격은 쉽게 머릿속에서 떠나지 않았다. 서류 탈락의 쓴맛을 보고 나서부터는 자신감이 한없이 밑으로 곤두박질쳤다. 앞으로 다른 곳에 지원을 하게 되더라도 또다시 나에게 돌아올 결과는 탈락이 될 것만 같았다. 취업 준비의 기간이 점점 길어지면서 심리적으로는 점점 더 위축되고 예민해졌고, 주변에서 들려오는 다른 친구들의 합격 소식은 나를 더 움츠리게 만들었다. 하지만 여기에서 무너지거나 좌절할 수는 없었다. 오롯이 나에게 집중하고 언제나처럼 꾸준하게 문을 두드린다면 분명히 어딘가에서 나를 알아주고 반겨 주는 곳이 있을 것이라는 생각을 했다. 그리하여 왜 탈락했는지를 고민해 보고 다시금 자기소개서를 다듬고 조금 더 나를 표현하기 위해 노력하기 시작했다.

그 이후에도 한 번의 탈락을 더 겪은 후에서야 다행히 몇 군데의 병원에서 서류전형 합격 연락을 받을 수 있었다. 그중에는 내가 가장 가고 싶어 했던 꿈의 병원인 '서울아산병원'도 포함돼 있었다. 어렵게 주어진 소중한 면접의 기회를 쉽게 놓치고 싶지 않았다. 그래서 필사적으로 면접 준비에 온 정신을 집중했다. 면접 때 이야기할 자기소개 멘트를 자다가도 튀어나올 수 있을 정도로 외웠다. 자기소개서로부터 나올 수 있는 모든 질문들의 리스트를 모아 답변을 달고 그것 또한 자연스럽게 말할 수 있을 때까지 연습했다. 또한 인터넷에 올라와 있는 면접 후기들을 모조리 다 읽고 분석해 면접을 보게 될 병원의 면접 특성을 파악하기 위해 노력했다.

첫 번째 면접은 간호학 이론과 지식을 주로 평가하는 면접이었다. 그때 질문 받은 내용이 내가 인증평가를 준비하며 익혔던 내용에 똑같이 포함돼 있었다. 인증평가란, 5년을 주기로 간호학과가 있는 대학교가 간호교육의 평가를 받는 것을 말하는데 하필이면 당시 내가 있던 3학년이 인증평가의 대상이 되었다. 그래서 수업을 마치고도 매일같이 남아서 인증평가를 위한 간호지식 공부와 술기를 준비해야 했다. 왜 5년마다 하는 인증평가를 내가 다닐 때 하게 됐는지, 우리 학년은 참 운도 지지리도 없다는 생각에 매일같이 투덜거리고 불평하며 인증평가를 준비했던 기억이 있다. 하지만 그 덕에 면접관의 질문에 어렵지 않게 대답할 수 있었다. 거침없이 질문에 대답하는 나를 보는 면접관의 눈은 만족스러워 보였고 첫 번째 면접의 결과는 합격이었다. 당시 인증평가를 준비하는 과정은 굉장히 힘들었고 취업 준비를 위한 시간을 뺏긴다는 생각이 들기도 했다. 하지만 결과적으로 그때의 시간들은 취업에 큰 도움이 됐다. 덕분에 자연스럽게 면접 대비를 할 수 있었고 실제로 면접에서도 당황하지 않고 질문에 대한 답변을 할 수 있었다.

살다 보면 지금은 당장 죽기보다 싫은 것처럼 느껴지는 일들도 언젠가는 도움이 될 수도 있다. 결코 인생에서 의미 없는 경험은 없다. 모든 일들은 서로 보이지 않는 끈으로 얽히고 설켜 언젠가는 일련의 사건을 만들어 내는 법이다.

최종 면접을 보면서 겪은 웃지 못 할 한 가지 일화가 있다. 치열한 서류심사와 1차 면접까지 모두 통과했다. 이제 마지막 최종 면접의 관문을 통과하면 꿈의 병원에 취업하게 되는 것이었다. 유심히 내 자기소개서를 읽어 보던 면접관 한 분이 나에게 질문을 던졌다.

"김보준 학생은 바쁜 간호학과 일정 속에서 성적을 이렇게 관리하면서 다른 대외활동도 엄청 많이 하셨던데 혹시 비결 같은 게 있나요?"

"저는 항상 자기 전에 다음 날 해야 할 일들을 생각하고 아침 일찍 일어나 준비하는 편입니다."

나의 대답을 들은 면접관이 호기심이 가득한 눈빛으로 또다시 질문을 했다.

"아침 일찍 몇 시에 일어나세요?"

나는 당당하게 평상시 일어나는 시간을 거짓 없이 큰소리로 대답했다.

"7시요."

나의 답변에 면접관분들은 모두 웃음을 참지 못했고 곧 면접장은 웃음바다가 되었다. 그것도 그럴 것이 3교대를 하는 간호사들의 아침 근무 출근시간은 보통 6시쯤이다. 오랜 생활 간호사로 일하며 새벽같이 일어나 출근 준비를 해 왔을 수간호사 선생님들로 구성된 면접관들 앞에서 7시라는 대답을 당당히 내뱉은 것이다.

그들의 시각에는 나는 상대적으로 늦잠을 자고 일어나는 평범한 대학생처럼 느껴졌을 것이다. 순간 큰 실수를 한 것이 아닌가 하는 생각이 들었다. 하지만 이미 내뱉은 말은 주워 담을 수 없었다. 최종 면접에서의 일이 계속 머릿속을 맴돌았고 합격 발표를 하는 날까지 나는 긴장의 끈을 쉽게 놓을 수 없었다. 다만 다행이라고 생각했던 점은 모두에게 웃음을 줬다는 점 정도였다.

대망의 최종 합격자 발표 날 최종 면접 결과를 알아보기 위해 병원 홈페이지에 접속했다. 너무 떨리고 긴장된 나머지 바로 합격 화면을 확인할 수 없을 것 같아 한 손으로 모니터를 반쯤 가리고 실눈으로 조금씩 화면을 확인했다. 손가락 사이로 보이는 '합격'이라는 단어를 확인하고 나서야 비로소 안도의 한숨을 내뱉었다. 합격을 확인하고 세상을 다 얻은 것만 같았다. 모든 간호학과 학생들이 가고 싶어 하는 꿈의 병원에서 간호사가 되어 첫 일을 시작할 수 있게 된 것이다. 비록 취업을 준비하면서 탈락의 쓴맛을 여러 번 경험하고 힘든 과정을 겪었지만 언젠가 나를 받아줄 병원이 있다는 생각으로 끝까지 포기하지 않았기에 합격의 기쁨을 맛볼 수 있었다고 생각한다. 하지만 대학 입시가 그러했듯 취업은 끝이 아닌 새로운 시작을 준비하는 하나의 과정으로 받아들여야 한다. '진짜'는 아직 시작되지 않았으니....

마지막 관문

4학년 2학기의 마지막 기말고사를 끝으로 4년간의 대학생활이 모두 끝났고 원하는 병원으로의 취업에도 성공했다. 하지만 간호학과를 졸업하기 전 간호사가 되기 위해서는 누구나 거쳐야 하는 마지막 관문이 남아 있었다. 법적으로 의료인으로 규정되며 보건복지부에서 인정하는 간호사 면허증을 받기 위해서는 필수적으로 한국보건의료인국가시험원에서 주관하는 '국가고시'를 통과해야 한다. 아무리 좋은 학부 성적을 받고 좋은 병원에 합격했다 할지라도 국가고시를 통과하지 못하면 간호사가 될 수 없다. 간호사 국가고시의 합격률은 상당히 높은 편이지만 4년간 배웠던 주요 8과목의 방대한 전 범위가 모두 시험 범위에

속해 있기 때문에 만만히 볼 수 있는 시험은 아니었다.

국가고시의 평균 합격률에 비춰봤을 때 열심히 공부를 한다면 누구나 어렵지 않게 통과할 수 있는 시험이지만 공부를 하지 않는다면 분명히 떨어질 수도 있는 시험이었다. 국가고시에서 떨어지게 된다면 힘들게 합격한 병원의 취업 또한 모두 물거품이 될 수도 있기에 정신을 바짝 차리고 준비해야 했다. 이미 종강을 하고 더 이상의 수업은 없었지만 국가고시 공부를 위해 매일같이 학교 독서실로 출근 도장을 찍었다. 처음에는 국가고시의 높은 합격률을 보고 손쉽게 합격할 수 있을 것이라는 안일한 생각을 했었다. 하지만 막상 자리에 앉아 책장을 펴고 막대한 시험 범위를 직면한 후에는 더 이상 그러한 생각을 할 수 없었다.

평상시 중간고사나 기말고사를 공부하는 것처럼 모든 과목의 세세한 부분까지 놓치지 않고 공부하려고 하다 보니 좀처럼 책장이 넘어가지 않았다. 봐야 할 것들은 태산같이 쌓여 있는데 지금의 공부 속도로는 전체 과목을 한 번 훑어보는 것도 버거워 보였다. 모든 과목의 모든 부분을 다 공부하고 시험장에 들어갈 수 있으면 가장 좋겠지만 현실적으로 쉽지 않은 일이었다. 그래서 남은 시간 동안 최대한 효율적으로 시험을 준비하기 위해 문제를 먼저 풀고 이론을 공부하는 방식으로 공부 방법을 바꿨다. 이전 국가고시 기출 문제들을 먼저 풀고 문제에 나와 있는 이론 위주로 공부를 했다. 그러자 시험에 자주 나오는 중요한 개념들 위주로 효과적으로 공부할 수 있었고 모의고사 성적도 빠르게 올릴 수 있었다.

국가고시는 모든 과목을 100점 맞아야 합격하는 시험이 아니다. 그렇다고 점수에 따라 등급이 나눠지는 것도 아니다. 그저 각 과목과 총점에 최소한의 합격 기준으로 정해진 커트라인만 통과하면 합격할 수 있는 시험이다. 다르게 말하면 모든 범위를 다 공부하지 않고도 합격할 수 있는 시험인 것이다. 그래서 완벽하게 공부를 하려고 하기보다는 모의고사를 보면서 평소 나에게 부족하거나 취약한 과목을 중점적으로 공부하는 방식으로 시험 준비를 하는 것이 좋다. 하지만 시간이 된다면 가장 좋은 것은 역시 전체 범위를 모두 공부하는 것이다. 열심히 공부한 이론들은 언젠가 임상에서 일할 때 빛을 발하며 스스로에게 피와 살이 될 수 있기 때문이다.

대망의 국가고시 날 아침 일찍 분주하게 준비를 마치고 시험장으로 향했다. 이번에 국가고시를 치는 4학년을 응원하기 위해 학과 후배들과 교수님들이 새벽같이 나와 한겨울의 차디찬 칼바람을 맞으며 시험장 입구에 서 있었다. 후배들의 응원을 받고 교수님이 건네주신 따뜻한 커피를 한 잔 받아들고 시험장으로 들어와 자리에 앉았다. 19살 때 대학입시를 꿈꾸며 긴장하며 봤었던 수능시험이 생각났다. 생각해 보니 고3 수능시험 이후로 이렇게 큰 시험을 치는 것은 처음이었다. 그 당시에는 수능이 인생의 끝인 것만 같았지만 뒤돌아봤을 때 대학생활을 위한 작은 시작에 불과했다. 마찬가지로 이번 국가고시도 대학생활의 끝이 아닌 간호사로서의 삶을 시작하기 위한 작은 과정이라고 생각하니 마음이 한결 편해졌다.

국가고시 합격 발표 날, 합격자 조회를 통해 합격을 확인할 수 있었다. 4년간의 대학생활을 마무리 하는 동시에 사회로의 첫 발을 내딛기 위한 마지막 관문을 무사히 통과한 것이다. 내 사진과 이름으로 등록된 간호사 면허증을 손에 쥐고 나서야 비로소 진짜 내가 간호사가 됐다는 게 실감나기 시작했다. 간호사가 되겠다는 신념 하나로 열심히 달려왔던 지난날들이 떠올랐다.

하고 싶은 것도 꿈도 없었던 고등학생이 이제는 어엿한 간호사가 되어 있었다.

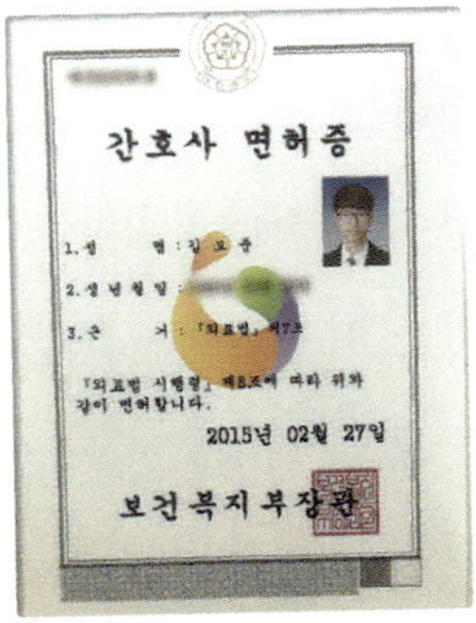
간호사 면허증

2015년 02월 27일

보건복지부장관

웨이팅게일이 되다

병원에 최종 합격한 후 일을 시작하기 전의 발령대기 기간을 '웨이팅 기간'이라고 부른다. 어떤 이들은 이 웨이팅 기간이 채 한 달도 되지 않아 졸업 직후 병원으로 바로 불려가기도 하지만 길게는 1년 가까이 병원의 발령을 기다리기도 한다. 취업 후 바로 일을 시작하지 못해 중간에 붕 떠 버리는 시간이 될 수도 있지만 나는 개인적으로 이 시기를 가장 황금 같은 기간이라고 생각한다. 당장은 일을 하지 않는 한량이지만 그렇다고 취업을 하지 못한 백수가 아닌 그 애매한 경계에서 당당하게 놀 수 있는 시기이기 때문이다. 소위 말해 '백수'가 아닌 당당한 '갓수*'

* 갓수: 신(God)과 백수를 합친 말. 직장인보다 나은 백수라는 의미.

로 지낼 수 있는 기간이다. 무엇보다 일단 일을 시작하게 되면 사직을 하지 않고서는 이렇게 길게 쉴 수 있는 시기는 좀처럼 다시 찾아오지 않는다. 발령 후 신규가 되면 일을 배우며 적응하느라 정신없이 하루하루를 보내게 된다. 그때는 놀고 싶어도 제대로 놀 수 없을테니 웨이팅 기간에 영혼을 불태우며 후회 없이 놀아 둬야 한다.

물론 간호사로서 빨리 일을 시작하고 싶은 마음도 있었다. 하지만 대학생활을 하며 단 한 번도 휴학을 하지 않고 쉴 틈 없이 달려왔기에 웨이팅 기간은 지난 4년간 간호학과 공부를 하며 빡빡한 대학생활을 보낸 나에게 주는 선물처럼 느껴졌다. 지금까지 입시와 취업 등을 위해 정신없이 살아왔다면 일하기 전의 이 발령대기 기간은 온연히 나를 위해 투자할 수 있는 시간들이었다. 발령 전까지 소중한 이 시기를 의미 있는 시간들로 채워 나가고 싶었다. 하지만 시간만 많다고 해서 한없이 하고 싶은 것들을 하며 놀 수 있는 것이 아니었다. 가장 현실적인 문제는 돈이었다. 이제 대학교를 갓 졸업하여 사회에 발도 내딛지 않은 나에게 충분히 놀 만큼의 돈이 있을 리가 만무했다. 그렇다고 집에 돈이 많은 금수저도 아니었기에 하고 싶은 것을 하며 놀기 위해서는 가장 먼저 필요한 돈을 벌어야만 했다.

우선 구직 사이트를 방문해 돈이 될 만한 아르바이트를 찾기 시작했다. 구직 사이트에는 일할 사람을 구하는 다양한 구직 게시물이 있었다. 많은 일자리 중 짧은 시간 동안 가장 많은 돈을 벌 수 있는 일은 우리가 흔히 '노가다'라고 부르는 일용직 아르바이트였다. 육체적으로 조금 힘들 수도 있겠지만 짧은 시간에 많은 돈을 벌기에는 제격이었다. 내가 하게 된 일은 각종 공연장과 행사장에서 천막과 의자를 설치하고 해체하는 일이었다. 생각해 보니 매번 이런 행사에 참여할 때 누가 이 많은 천막을 설치하고 의자들을 가져다 놨는지에 대해 단 한 번도 의문을 가져본 적이 없었다. 성공적인 공연과 행사가 이루어지기까지 보이지 않는 곳에서 고생하는 수많은 사람들이 있다는 사실을 알게 되었다.

따스한 햇살이 내리쬐는 봄이 되자 이곳저곳에서 앞 다투듯 많은 행사와 공연들이 열렸다. 그 덕에 일용직이었지만 쉬는 날 없이 매일같이 일할 수 있었다. 시간이 지나면서 낯설었던 일들도 점차 손에 익으면서 일이 더욱 수월해졌다. 몸을 움직이는 일이 육체적으로 고되긴 했지만 힘든 만큼 통장의 잔고를 더욱 빨리 늘릴 수 있었다. 하루하루의 일급은 그렇게 큰돈은 아니었지만 많은 하루들이 쌓여 해외여행을 다녀올 수 있을 만큼의 큰돈을 모을 수 있었다.

힘들었지만 악착같이 돈을 모았던 이유는 내 최고의 여행 버킷리스트였던 남미를 여행하기로 결심했기 때문이었다. 동남아나 일본 같은 가까운 나라는 일을 시작하고도 얼마든지 갈 수 있지만 남미는 한국에서 비행기를 타고도 꼬박 하루가 걸리는 지구 반대편에 위치해 있는 곳이었다. 그래서 웨이팅 기간처럼 길게 쉴 수 있는 기간이 아니면 쉽게 갈 엄두조차 낼 수 없다. 웨이팅 기간이야말로 지구 반대편으로 떠날 최적의 시기였다. 총 70일의 남미 여행 동안 나는 남미 6개국을 돌아다니며 많은 사람들을 만나고 다양한 경험을 통해 평생 잊지 못할 추억들을 만들 수 있었다.

에콰도르 적도

에콰도르에서는 학교 수업시간에만 들어 봤던 적도를 직접 내 두 다리로 밟아 보고 찰스 다윈이 진화론을 생각해 냈다는 갈라파고스 제도에서 야생 펭귄, 물개들과 함께 수영을 하는 잊지 못할 경험을 했다. 페루에서는 세계 7대 불가사의라는 잉카 문명의 마추픽추를 두 눈으로 볼 수 있었다. 볼리비아를 여행할 때는

에콰도르 갈라파고스 제도, 펭귄과 함께

페루 마추픽추

거대한 순백의 우유니 소금사막에서 멋진 인생 샷을 찍을 수 있었고 악어가 득실대는 아마존 정글 속으로 들어가 식인 물고기인 피라냐를 낚시로 잡아먹으며 살아 보기도 했다. 칠레의 이스터섬을 여행하면서는 지금까지도 미스터리로 남아 있는 거대한 모아이석상을 만날 수 있었고 아르헨티나에서는 아드레날린이 폭발하는 스카이다이빙을 난생 처음 경험했고 신나는 리듬에 맞춰 탱고 댄스를 추는 잊지 못할 경험을 하기도 했다. 브라질에서는 거대한 이과수 폭포를 보며 대자연의 경이로움에 입이 떡 벌어질 만큼 놀라기도 했다.

볼리비아 우유니 소금사막

볼리비아 아마존 정글, 피라냐와 기념샷 ⬆

아르헨티나, 스카이다이빙 체험

칠레 이스터섬, 모아이 석상

브라질 이과수 폭포

스무 살 때 첫 해외봉사를 통해 해외를 경험한 후 대학생 때는 방학마다 배낭 하나를 짊어지고 이곳저곳 여행을 다녔다. 그리고 이번에는 지구 반대편인 남미 여행도 다녀왔다. 문득 생각해 보니 지금까지 혼자서만 너무 좋은 곳들을 다녔던 게 아닌가하는 생각이 들었다. 그래서 이번에는 일을 하면서 모은 돈으로 어머니에게 함께 해외여행을 가자고 제안했다. 내가 제안한 여행이 편안한 패키지여행이 아니었음에도 다행히 어머니가 나의 여행 메이트가 되는 것을 흔쾌히 승낙해 주셨다. 그렇게 어머니와 함께 3박 4일간 대만 여행을 떠났다. 혼자 하는 여행에 익숙해져 있었던 나에게 어머니와 함께 여행하는 것은 생각처럼 쉽

어머니와 함께 대만에서

지만은 않았다. 여행 루트를 짜는 것부터 시작해서 먹는 것, 교통편 등을 하나하나 고민하고 신경써야 했다. 처음에는 남들처럼 패키지여행으로 가지 않은 것을 후회하기도 했다. 하지만 모든 여행이 끝나고 나니, 여행 중에 고생하며 어머니와 함께 이곳저곳을 다녔던 것이 더욱 오래도록 기억에 남았다. 함께 공유할 즐거운 추억들을 잔뜩 만들 수 있었던 대만 여행은 나와 어머니 모두에게 너무나도 뜻깊은 여행이었고 감사한 시간들이었다. 어떻게 보면 여행이라는 것은 잠깐의 순간일지 모르지만 그 여행을 통해 얻은 추억은 평생 동안 몇 번이고 곱씹을 수 있는 것이었다. 일을 하며 돌이켜봤을 때 웨이팅 기간 때의 기억들이 힘든 시기에 많은 도움이 됐던 것 같다.

여행을 모두 다녀온 이후에도 배우고 싶었던 악기와 운동을 배우고 틈틈이 국내 여행도 다니며 나를 위한 시간들을 보낼 수 있었다. 즐거운 웨이팅게일 생활을 즐기며 누구보다 알찬 시간들을 보냈다. 다시 생각해도 이때의 시기는 내 인생에서 가장 자유롭고 걱정 없이 놀 수 있었던 황금기였다. 하지만 끝나지 않을 것만 같았던 웨이팅 기간도 어느덧 끝이 다가오고 있었다. 예고 없이 걸려온 한 통의 전화와 함께.

"여보세요?"
"네, 김보준 선생님 맞으시죠? 선생님은 12월 발령 대상자입니다."

웨이팅의 끝을 알리는 발령 전화 한 통으로 나는 현실을 직시해야만 했다. 그래도 남들보다 긴 웨이팅 기간 동안 그 누구보다도 잘 보냈다고 말할 자신이 있었기 때문에 후회는 없었다. 사실 계속 놀다 보니 이제 안정적인 직장에서 제대로 일을 하며 돈을 벌고 싶은 마음이 조금씩 생기던 찰나였다.

언제까지나 웨이팅게일로 지낼 수 없다는 것을 잘 알고 있었다. 이제는 다시 마음을 다잡고 새로운 시작을 준비해야 할 때였다.

2장

삶과 죽음의 경계, 그 어딘가에서

중환자실 간호사가 되다

내가 간호사로서 처음 근무를 시작하게 된 곳은 '외과계중환자실'이었다. 처음 중환자실에 발을 내딛었을 때 병동과 사뭇 다른 분위기에 나도 모르게 주눅이 들었다. 고요하다 못해 적막한 중환자실에서 들려오는 소리라고는 의료기계들로부터 간간히 울려 퍼지는 날카로운 알람 소리뿐이었다. 보통 병동은 중증도에 따라 환자들이 독립적으로 보행 가능한 경우가 많다. 하지만 중환자실은 병동과는 전혀 다른 세상처럼 느껴졌다. 의식이

있는 환자들보다는 의식이 없는 환자들이 많았고, 그나마 의식이 있는 환자들도 인공호흡기를 달고 있거나 진정치료 중인 경우가 많았다. 그렇기 때문에 대부분의 환자들과 간단한 의사소통을 하는 것조차 중환자실에서는 쉬운 일이 아니었다.

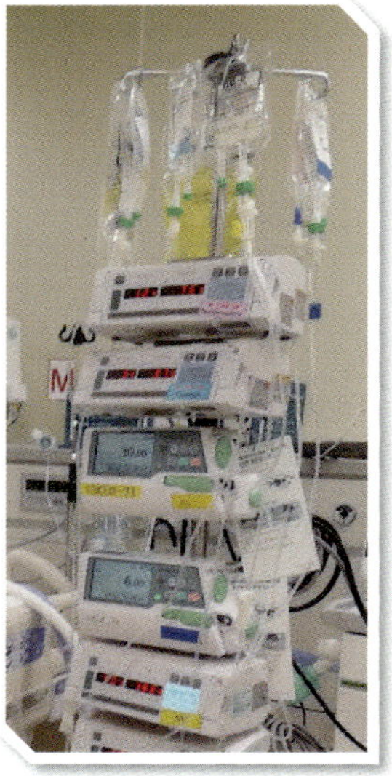

환자들의 침대 옆에는 그 환자가 얼마나 위중한지를 나타내는 듯 약물을 일정하게 주입해 주는 '의약품 주입펌프(Infusion Pump)'에 수액이 주렁주렁 매달려 있었다. 환자들 주변으로는 각종 의료기기들이 한 자리씩 꿰차고 있었다. 호흡을 도와주는 인공호흡기부터 시작해 신장의 기능을 대신해 주는 인공투석기 그리고 환자의 활력징후와 심전도가 실시간으로 나타나는 모니터까지 환자 한 명에게 기본적으로 두어 대 이상의 의료기기가 달려 있었다. 한눈에 봐도 환자들의 중증도와 위중함이 직접적으로 느껴졌다. 지금 내가 있는 곳이 삶과 죽음의 경계에 서 있는 환자들이 사투를 벌이고 있는 중환자실이라는 것이 실감났다.

중환자실에서 일을 하게 된 첫날에는 사수였던 프리셉터 선생님을 따라다니며 앞으로 내가 하게 될 일들을 보고 전반적인 업무의 흐름에 대한 교육을 받았다. 기본적인 투약은 물론이고 각종 검사와 시술, 그렁거리는 환자의 가래를 뽑아 주는 일까지, 해야 할 새로운 일들이 매시간 봇물 터지듯 쏟아졌다. 노련한 프리셉터 선생님의 손은 잠시도 쉬지 않고 동시다발적으로 쏟아지는 많은 일들을 능숙하게 처리해 내고 있었다. 하루 종일 중환자실에서 프리셉터 선생님을 따라다니던 내 머릿속에는 한 가지 생각만이 계속해서 맴돌고 있었다.

'과연 내가 이걸 할 수 있을까?'

둘째 날부터는 첫날 봤던 것들을 하나씩 직접 해 보면서 일을 배워 나갔다. 학교를 다닐 때 책에서 배우고 마네킹을 대상으로 실습을 할 때는 그리 어렵게 느껴지지 않던 것들이 실제 환자를 대상으로 하니 너무나도 낯설고 이질적으로 느껴졌다. 일을 배우는 과정은 하나부터 열까지 쉬운 것이 없었다. 환자의 혈압과 체온을 재는 기본적인 것부터 시작해 환자를 머리끝에서부터 발끝까지 사정하고 주사기로 수액과 약물을 섞어 정확한 용량을 투약하는 것까지 차근차근 하나씩 일을 익혀 나갔다.

지난 4년간 전공 서적을 통해 배운 것들은 임상에서 많은 도움이 됐지만 눈앞에 들이닥치는 일들과 전공 서적 사이에는 큰 괴리감이 존재했다. 처음 중환자실에서 일을 시작했을 때 내가 제대로 할 수 있는 일이라고는 아무것도 없었다. 누군가 말했던 것처럼 인생은 실전이었다. 하나부터 열까지 처음부터 새로이 배워 나가야 했다. 그것은 마치 갓

태어난 아이가 처음 걸음마를 배워 나가는 과정과 흡사했다.

처음 일을 시작하며 힘들었던 것 중 하나는 불규칙한 3교대 근무였다. 교대 근무라고 하면 하루 24시간을 세 타임으로 나눠 8시간씩 3교대로 근무를 하는 것을 말한다. 낮 근무(Day), 오후 근무(Evening), 밤 근무(Night) 세 종류의 근무로 나눠 근무표에 따라 번갈아 가며 일하게 된다. 교대 근무의 특성상 각 근무번이 해야 하는 일들이 조금씩 달랐는데 처음에는 그 일들을 익히는 것도 좀처럼 쉽지 않았다. 하지만 교대 근무에서 가장 힘들었던 것은 바로 수면이었다. 매일 같은 시간에 출근하고 퇴근하는 상근직과 다르게 3교대 근무를 하는 간호사는 근무에 따라 수면 패턴이 하루 이틀 사이에도 급격하게 달라지곤 한다. 그래서 잠을 자야 하는데 잠이 오지 않거나 잠을 자지 말아야 할 상황에 잠이 오는 등 난감한 경우를 많이 경험하게 된다. 가장 힘든 날은 처음 밤 근무에 들어가는 날이었다. 야간 근무를 위해 낮에 잠을 충분히 자둬야 하지만 그게 말처럼 쉽지 않았다.

일을 시작하며 처음 밤 근무를 했던 날은 아직도 선명하게 기억에 남아 있다. 처음으로 밤 근무를 한다고 생각하니 긴장이 많이 됐던 탓에 잠을 한숨도 못자고 출근했다. 아직 독립을 하지 않았기 때문에 그날도 한 선생님을 따라다니며 근무를 했다. 그날 따라다녔던 선생님은 병동에서 가장 무섭다고 소문이 났던 선생님이었다. 잠도 못자고 왔는데 멍한 상태로 큰 실수라도 하지 않을까 근무 시작부터 바짝 긴장을 했다. 선생님 뒤를 졸졸 따라다니면서 밤 근무 때 해야 할 일들에 대해 교육받았다. 혹여나 잊을까봐 수첩이 까맣게 되도록 열심히 받아 적었다. 중환자실의 새벽은 너무나 고요했다. 게다가 밤에는 환자들의 수면을 위해 전체 등을 모두 소등하고 간호사들이 약을 준비하는 투약 카트에만 작은 불을 켜 놓고 일을 한다. 세상이 잠드는 늦은 새벽에도 중환자실 간호사들의 손은 잠시도 쉬지 않고 끊임없이 분주하게 무엇인가를 하고 있었다.

밤 근무에서 가장 바빠지는 시간은 바로 환자들의 체중을 측정하는 때였다. 중환자실의 침대는 침대 자체에 체중계의 기능이 있다. 환자를 제외한 베개, 담요 등 나머지 무게가 나가는 것들을 침대에서 모두 내리면 침상에서 환자의 몸무게를 측정할 수 있었다. 매일같이 환자들의 몸무게를 측정하고 기록하는 이유는 바로 I/O(섭취량과 배설량, Intake/Output)를 확인하기 위해서였다. 수액, 혈액, 영양액 등 하루 동안 환자에게 들어간 양을 꼼꼼히 기록하고 대변, 소변, 배액, 투석 등으로 몸에서 빠져나간 양을 기록해서 그 차이를 매일 체크했다. I/O를 적절히 조절하는 것은 작은 요인에도 활력징후가 흔들릴 수 있는 중환자들에게는 치료적 방향을 결정하기 위한 굉장히 중요한 일이었다.

체중 측정이 모두 끝나면 환자들의 체위를 바꿔 주면서 욕창이 생겼는지를 꼼꼼히 확인했다. 그리고 따뜻한 물수건으로 침상목욕을 시켜드린 후 깨끗한 새 옷으로 갈아입혀 드렸다. 중환자실의 환자들은 대부

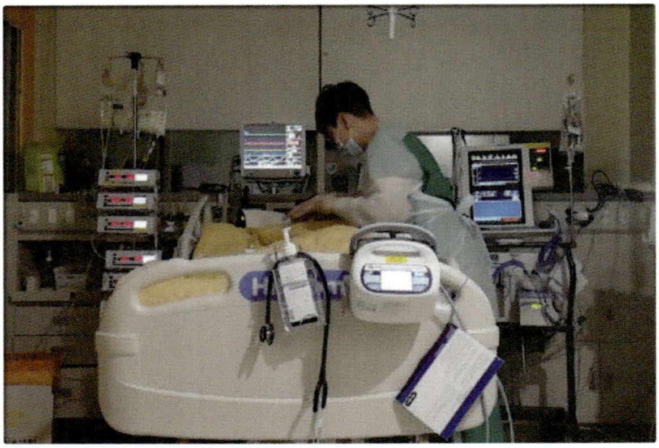

분 의식이 없거나 의식이 있더라도 거동이 힘들어 침대를 벗어날 수 없었다. 소변은 소변 줄을 통해 해결할 수 있었지만 대변의 경우는 기저귀에 해결하는 수밖에 없었다. 처음 중환자실에서 일을 시작할 때는 환자분들의 대변을 치워드리는 것도 쉽지만은 않았다. 얇은 비닐장갑을 끼긴 했지만 아무런 거리낌 없이 환자분들의 대변을 치우고 몸을 닦아드리는 선배 간호사분들의 열정적인 모습은 그런 나를 반성하게 했고 나에게 큰 자극으로 다가왔다.

한바탕 체중을 재고 자리 정리 시간이 끝나고 시계를 보니 새벽 4시가 훌쩍 지나 있었다. 그때부터 갑자기 참을 수 없는 졸음이 쏟아지기 시작했다. 아무리 눈을 뜨고 버텨 보려고 해도 누군가 눈꺼풀 위에 무거운 쇳덩이를 올려놓은 것처럼 자꾸만 눈이 감겼다. 허벅지를 펜으로 여러 번 찔러 보았지만 아무런 소용이 없었다. 결국 나도 모르게 서서

꾸벅꾸벅 졸고 있는데 갑자기 나를 향한 차가운 시선이 느껴지며 간담이 서늘해졌다. 눈을 뜨고도 얼마간의 시간이 흐르고 나서야 지금의 상황이 파악되기 시작했다. 당연히 나를 크게 꾸짖을 것이라고 생각하며 눈치를 보고 있었는데 돌아온 반응은 그렇지 않았다.

"나이트 근무는 잠을 못 자고 오면 많이 피곤해서 버티기 힘들어. 그러니까 다음부터는 푹 자고 와. 간호사가 잠을 못 자면 결국 환자분들한테도 좋지 않으니까."

첫 밤 근무를 버텨 내지 못하고 서서 졸고 있는 신규 간호사의 모습이 안쓰러웠던 걸까. 무섭기로 소문났던 선생님은 나에게 그 이상 별다른 이야기를 하지 않았다. 선생님의 말처럼 간호사가 잠을 못자고 근무에 투입되면 결국 그 피해는 고스란히 환자들에게 돌아갈 수밖에 없다. 그날의 밤 근무는 간호사 생활을 이제 막 시작하는 나에게 큰 울림으로 다가왔다.

목표는 1인분

어느덧 신규 간호사 교육기간이 끝나고 독립을 하게 됐다.

독립을 하고 나서부터가 중환자실 간호사로서 병원 생활의 진짜 시작이었다. 환자의 침상 머리맡에는 '담당 간호사 김보준'이라는 명찰이 내 근무시간 동안 걸려 있었다. 그것은 한 근무 동안 나에게 주어진 담당 환자들을 모두 책임지고 감당해야 하며 그 책임은 전적으로 내 몫이라는 것을 의미했다. 아직 일이 많이 서툴고 손이 느린 탓에 주변에서 선배 간호사들이 많은 도움을 주긴 했지만 결국 내 환자에 대한 책임은 나에게 있고 내 환자를 감당해야 하는 사람 또한 담당 간호사인 나였다.

독립은 중환자실이라는 정글 한가운데에 내던져져 홀로 살아남아야 한다는 것을 의미했다.

솔직히 고백하건대 나는 일을 잘하는 간호사는 아니었다. 손이 빨라 일처리가 빨랐던 것도 아니었고 그렇다고 놓치는 부분 없이 꼼꼼하게 일을 해내지도 못했다. 어쩌면 처음부터 간호사로 일하기에는 그리 적합한 사람은 아니었을지도 모른다. 독립을 하고도 일은 생각처럼 빨리 늘지 않았다. 항상 무엇인가에 쫓기듯 정신없이 일을 해야만 했고 매시간의 투약과 기본적인 업무만으로도 너무나 버거웠다. 내가 담당하는 환자에게 크고 작은 이벤트가 생기는 날에는 밥은 고사하고 물 한 모금 마실 틈도 없이 12시간 내내 일해야만 했다. 물론 화장실도 가지 못했다. '빨리 다녀오면 되는 것이 아닌가?'라고 생각할 수도 있을 것이다. 직접 일을 해 보지 않으면 믿기 힘들 수도 있겠지만 정말 그 정도 찰나의 시간조차 나지 않을 정도로 눈코 뜰 새 없이 바빴다.

'이건 정말 사람이 할 수 있는 일이 아닌 것 같아.'

내 능력 안에서 최대한 빠르게 일을 하려고 발버둥치고 있지만 그럼에도 불구하고 정신을 차리고 보면 해야 할 일들은 눈덩이처럼 불어나 쌓여 있곤 했다. 쉴 틈 없이 주사약을 만들고 주사기로 약물을 뽑아 내는 손가락 마디마디가 얼얼하게 느껴졌다. 가끔은 젖 먹던 힘까지 쥐어

짜고 이를 악물고 일을 해도 좀처럼 일이 줄어들지 않는 상황이 절망스럽게 느껴지기까지 했다. 거기다 환자 상태가 안 좋아지기라도 하면 담당 의사의 추가 처방이 폭풍처럼 몰아쳤다. 그 상황은 마치 밑바닥이 뚫려 있는 물 항아리에 정해진 시간 안에 물을 가득 채우기 위해 끊임없이 물을 담고 있는 것처럼 느껴졌다. 아무리 아등바등 물을 열심히 부어도 물 항아리는 좀처럼 차오를 생각을 하지 않았다. 그럴 때면 정말이지 하던 것들을 모두 내려 두고 중환자실 문 밖으로 뛰쳐나가고 싶었던 적이 한두 번이 아니었다.

처음 중환자실에서 일을 시작하면서 가장 힘든 점 중 하나는 너무 많은 일들이 동시다발적으로 쏟아진다는 점이었다. 투약 카트에 있는 환자의 약과 투약카드를 확인하는 도중에 환자가 당장이라도 숨이 멎을 듯 가래가 그르렁거리는 기침을 하면 하던 일을 내려놓고 가래를 뽑아야만 했고 그 사이에 요청한 혈액이 올라와 바로 수혈 준비를 해야 했다. 동시에 엑스레이 촬영을 위한 방사선사가 왔고 엑스레이 촬영을 돕고 있는 중 아까 내렸던 혈액검사 샘플에 문제가 생겨 다시 내려 달라는 연락을 받았다. 그러던 중 옆에 있는 다른 환자의 혈압과 산소포화도가 현저히 떨어지기 시작해 지금 당장 담당의에게 알리고 의사소통을 해야 한다.

매일같이 동시다발적으로 벌어지는 이러한 상황은 말 그대로 총체적 난국이었다. 한 가지 일을 하면서도 항상 머릿속에는 다음에 해야 할 여러 일들에 대한 생각으로 가득했다. 미처 하던 일을 마무리하기도 전에 항상 새로운 일들이 생겨났다. 업무의 흐름이 끊기다 보니 하던 일을 잊고 놓치는 경우도 자주 생겼다. 근무 때마다 마스크를 낀 얼굴은 항상 빨갛게 상기되어 있었고 어떻게든 일을 해내기 위한 고군분투의 연속이었다. 한 번에 여러 가지 일을 해내지 않으면 안 됐기에 모두들 근무시간 동안 초인적으로 일을 해내야 했다. 한 번에 여러 가지 업무를 처리해 내는 멀티태스킹(Multitasking) 능력은 간호사에게는 필수적인 것이었다. 일에 익숙해지면서 조금씩 이런 상황에서도 우선순위를 나눠 빠르게 일을 해결하는 능력이 생겼지만 그렇게 되기까지는 상당히 오랜 시간이 필요했다.

3교대 간호사의 일은 혼자서 일정한 업무를 맡아 처리하는 여느 직업과는 다르다. 또한 오늘 못했던 내 일을 잠시 내려 두고 퇴근하고 내일 다시 할 수 있는 시스템이 아니다. 교대 근무의 특성상 내가 손이 느려 나 때 처리되지 못한 업무는 고스란히 내 다음 번 근무자에게 넘어가게 된다. 그것은 본의 아니게 나로 인해 다른 동료 간호사들에게 피해를 주는 것이었다. 그런 이유에서 신규 때 더욱 빨리 일을 배워야겠다고 생각했다. 무엇이든 거침없이 해결하고 능수능란한 선배 간호사들처럼 돼야겠다는 생각보다는 내 일이라도 잘 해낼 수 있는 '딱 1인분'을 하는 간호사가 되고 싶었다. 더도 말고 덜도 말고 한 명의 중환자실 간호사로서 주변 동료들에게 피해를 주지 않을 정도로 일을 해내고 싶었다. 하지만 중환자실에서 한 명의 간호사로서 오롯이 일을 해낸다는 것은 독립한지 얼마 안 된 신규 간호사에게 쉬운 일이 아니었다.

'고깃집에서는 2~3인분도 거뜬한데 어째서 일은 1인분을 채우기가 이렇게도 어려운 걸까?'

사소한 실수가 사소하지 않은 결과를 만드는 곳

누구나 살아가면서 크고 작은 실수를 했던 경험이 있을 것이다. 기계들도 간혹 오작동이라는 실수를 하는데 기계가 아닌 사람이 실수를 하는 것은 어쩌면 당연한 것일지도 모른다. 우리는 상황에 따라 사소한 실수는 대수롭지 않게 넘겨버리기도 한다. 하지만 그 장소가 '중환자실'이라면 이야기는 달라진다.

중환자실. 이곳은 사소한 실수가 사소하지 않은 결과를 만드는 곳이다. 나의 작은 실수 하나만으로도 환자의 상태가 급속도로 악화될 수 있으며 심한 경우 소중한 생명을 잃게 할 수도 있는 곳이기 때문이다.

정신을 바짝 차리고 일을 하지 않으면 돌이킬 수 없는 결과를 불러일으킬 수 있는 곳이 바로 여기, 삶과 죽음의 경계에서 사투를 벌이는 환자들이 있는 '중환자실'이다.

처음에 중환자실에서 일을 시작하면서 가장 걱정했던 부분 역시 '혹시 내가 실수를 해서 환자들에게 해가 되지 않을까.'였다. 중환자실 문을 열고 출근을 하면서 매일같이 오늘 하루도 큰 실수 없이 무사히 지나가기를 마음속으로 수없이 되뇌었다. 출근을 하고 일을 시작하면 가장 먼저 오늘 하루 내가 환자에게 주게 될 약물과 투약카드가 의사의 처방에 맞게 정확한지를 확인했다. 그리고 실제로 투약을 할 때는 투약하고자 하는 환자가 맞는지, 약물이 맞는지, 약물의 투여량이나 속도가 정확한지, 투여 경로는 정확한지, 투여 시간은 정확한지를 확인하는 투약의 5R*을 항상 확인하기 위해 노력했다. 이 다섯 가지 중 단, 한 가지라도 잘못된다면 그것은 명백한 투약오류로 이어지게 되기 때문이었다.

하루에도 수십 개의 처방을 받고 각종 검사와 시술이 쏟아지며 시시각각 상황이 급변하는 중환자실에서 정신 줄을 잡고 일을 하는 것은 결코 쉬운 일이 아니었다. 무엇인가에 홀린 듯, 정신 차리고 보면 잘못된 수액에 약물을 믹스하고 있다거나 약물의 용량 계산을 틀리는 경우가 그러했다. 다행히도 고위험 약물, 수혈 등 환자에게 크게 해가 되는

* 5R: 1. 정확한 약(Right drug); 2. 정확한 용량(Right dose); 3. 정확한 경로(Right route); 4. 정확한 환자(Right patient); 5. 정확한 시간(Right time)

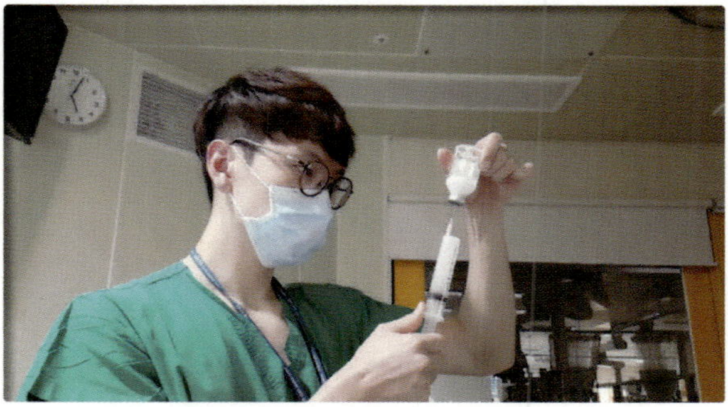

약물을 투약할 때는 2명이서 이중 확인을 하는 시스템이 있었기 때문에 대부분의 실수는 사전에 발견되어 예방할 수 있었다. 그럼에도 불구하고 사고는 항상 예상치 못한 순간에 사소한 부주의나 실수로 일어나는 법이었다.

하루는 섬망이 심한 환자를 담당했다. 금방이라도 침대에서 떨어질 것처럼 한순간도 가만히 있지 못하고 몸부림을 심하게 치고 있었다. 아무리 말로 진정시키려 해 봐도 환자와의 의사소통이 전혀 되지 않았다. 잘못하다가는 낙상이나 기관내삽관†이 탈관되어 환자가 더 위험해질 수도 있었기에 담당 의사와 상의 끝에 환자의 안전을 위해 억제대를 사용하기로 결정했다. 억제대는 양쪽 팔목에 묶어 침대 난간에 고정했다.

† [편집자 주] 기관내삽관: 기도 유지가 필요하거나 인공 호흡기 치료가 필요한 환자에게 기도 확보를 위해 기관 내에 삽입한 관.

나에게는 담당하는 다른 환자도 있었기 때문에 언제까지나 이 환자만을 옆에서 지켜보고 있을 수는 없었다. 억제대를 묶어 두고 다른 환자의 투약을 위해 잠시 자리를 비웠다. 다른 환자의 투약을 준비하던 중 섬망 환자가 있는 옆방에서 동료 간호사의 비명소리가 들려왔다. 헐레벌떡 달려가 보니 억제대가 풀린 채 환자의 손에는 삽입돼 있던 기관내삽관이 제거되어 들려 있었다. 인공호흡기에서는 날카로운 알람이 울려 대고 산소포화도는 시간이 지날수록 점점 더 떨어지고 있었다. 억제대를 적용할 때 혹시나 피부가 상하지 않을까하는 마음에 억제대를 너무 느슨하게 묶어 둔 것이 탈이었다. 급하게 담당의를 불러 신속하게 재삽관을 했고 인공호흡기를 연결하자 산소포화도는 다시 100%로 회복될 수 있었다. 다행히도 큰 사고로 이어지지는 않았지만 조금만 더 늦게 발견되었다면 산소포화도가 더 떨어져 아찔한 사고로 이어질 수도 있는 상황이었다.

이렇듯 중환자실에서는 내가 하는 작은 행위 하나하나에 환자의 안전과 생명이 직결되는 만큼 일을 할 때는 항상 긴장을 늦출 수 없었다. 환자의 상태에 따라 어떤 약물이 위험하고 어떤 상황이 환자에게 해가 될 수 있는지를 끊임없이 생각하고 공부해야 했다. 처음 보는 병명을 마주하고 처음 보는 약물을 투약하게 될 때는 더욱 신중을 기했다. 학생 때야 모르는 문제는 틀리면 되는 거였지만 일을 할 때는 이야기가 달랐다. 조금이라도 모르거나 애매한 것이 있으면 항상 경험이 많은 선배 간호사들에게 먼저 조언을 구하고 전문 서적을 뒤적였다. 모르는 것은 부끄러운 일이 아니지만 모르면서 아는 척을 하는 것은 환자를 위험에 빠뜨릴 수도 있는 어리석은 일이기 때문이었다. 때로는 중환자실에서 10년을 넘게 일한 베테랑 간호사도 모르는 것이 있었다. 중환자실은 어느 정도 일을 익혔다고 해서 안주할 수 있는 곳이 아니었다. 이곳은 끊임없이 공부하고 항상 배움의 자세를 가지고 있어야 하는 곳이었다.

간이식 중환자실 이야기

내가 일하게 된 외과계중환자실(SICU)[‡]은 여느 외과 중환자실과는 사뭇 다른 곳이었다. 서울아산병원의 외과계중환자실은 교통사고와 같은 일반 외상 환자들이 입원하는 'SICU1'과 간이식 수술을 받은 환자들이 입원하는 'SICU2'로 나뉜다. 내가 일하는 곳은 후자인 간이식 수술 환자들을 전담으로 집중 관리하는 중환자실이었다. 말하자면 중환자실이라는 특수부서 중에서도 더욱 특수한 곳에서 일을 하게 된 셈이었다. 서울아산병원은 간이식 수술에 관해서는 세계적인 수준으로 인

‡ SICU: Surgical Intensive Care Unit(외과 중환자실)

정받는 곳이었다. 그 명성만큼이나 내국인은 물론 외국인까지 찾을 만큼 많은 사람들이 간이식 수술을 위해 찾는 곳이기도 했다.

간이식 수술은 수술시간만 해도 약 12시간에 달하는 굉장히 큰 수술이다. 기나긴 간이식 수술을 버텨 낸 환자들은 수술 부위를 봉합한 후 마취에서 깨지 않은 상태로 수술실에서 곧장 중환자실로 넘어왔다. 이식 환자가 수술실로부터 나오면 중환자실 전체가 분주해지기 시작했다. 배에는 인간의 몸에서 가장 큰 장기인 간이 오고 갈 만큼의 커다란 수술 자국이 있었고 배액을 위한 작고 둥근 주머니들이 수술 상처 주위로 주렁주렁 매달려 있었다. 중환자실에 도착한 직후 환자들의 외관을 보면 한눈에 보기에도 수술실에서 얼마나 큰 사투를 벌이고 왔는지를 짐작할 수 있었다. 이제부터는 환자의 치료와 회복은 전적으로 중환자실에 있는 우리들의 몫이었다.

수술실로부터 나온 환자가 중환자실에 도착하면 곧 바로 인공호흡기를 연결하고 활력징후와 심전도, 동공반사, 의식 상태, 수술 부위의 양상, 각종 배액관의 배액 양상 등의 전반적인 상태를 확인했다. 그리고 흉부 엑스레이 촬영을 통해 기관내삽관이 너무 깊거나 얕게 들어가 있지는 않은지, 심장까지 연결된 중심정맥관의 위치는 적절한지, 폐의 모양과 상태가 어떤지 등을 확인했다. 도착해서 나간 혈액검사 결과에서는 적혈구, 혈소판 등 추가적인 수혈이 필요한지를 확인하고 심장에 영향을 주는 전해질이 부족한 경우 즉시 약물을 통해 교정을 해 신체의 상태를 정상 범위로 이끌어 회복이 최적화될 수 있도록 노력했다. 동맥에서 채혈한 혈액에 녹아 있는 산소와 이산화탄소를 확인하고 인공호흡기의 설정 값을 조절하는 것 또한 치료를 위해 중요한 부분이었다. 마지막으로 따뜻한 물수건으로 온몸에 묻은 빨간 소독약을 닦아 드리고 피와 오물이 묻은 더러운 옷 대신 깨끗한 환의로 갈아입혀 드렸다.

간이식 수술을 마치고 환자가 나오면 주위에 벌떼처럼 모든 간호사들이 달라붙어 저마다의 위치에서 해야 할 일들을 순식간에 해냈다. 따로 대화를 나누지 않아도 각자의 자리에서 본인의 임무를 잘 알고 있었기에 손발이 척척 맞아 떨어졌다. 환자의 상태와 관련해 즉시 조치가 필요한 부분이 있으면 담당의에게 알려 즉각적으로 의사소통을 했다. 이 모든 과정에서 중요한 것이 바로 병원에서 일하는 직원들 간의 팀워크이다. 의사와 간호사의 커뮤니케이션은 말할 것도 없이 중요했고

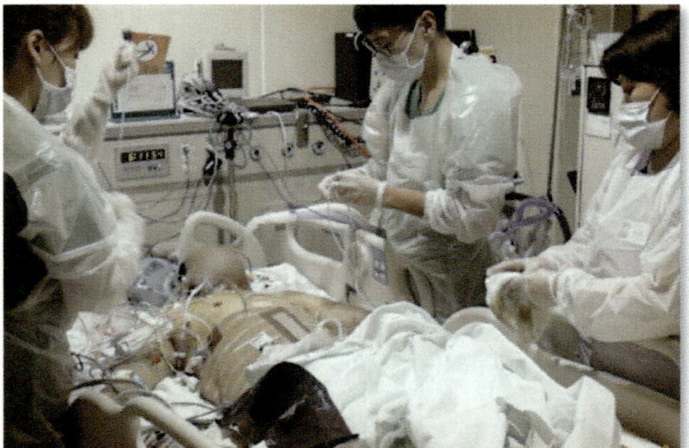

그 이외에도 보이지 않는 곳에서 일을 도와주시는 많은 분들이 있었다. 1분 1초가 급할 때 중요한 혈액과 약을 신속하게 타주시는 조무원님들과 검사나 시술을 위해 신속한 이동을 책임져 주시는 이송직원분들, 항상 깨끗하고 청결한 중환자실을 위해 청소해 주시는 여사님들 또한 저마다 큰 역할을 해 주고 계셨다. 병원에서는 어느 한 사람이 환자를 살리는 것이 아니라 모든 사람이 하나의 마음으로 협심해서 꺼져 가는 생명의 불꽃을 살려 내고 있었다.

큰 수술을 받은 만큼 간이식을 받은 환자들은 수술 후에도 손이 많이 가고 세심한 간호가 필요했다. 간이식 후에는 새로 이식받은 장기에 대한 거부반응을 예방하기 위해 면역억제제를 투여한다. 면역력이 떨어지는 이식 환자들을 간호할 때는 철저한 손 씻기, 마스크, 글러브 및 가운 착용 등 감염관리뿐 아니라 섬세한 간호 기술이 필요했다. 한 겨울에도 전신을 덮는 비닐 가운을 입고 일을 하다 보면 온몸이 땀으로 흠뻑 젖는 것이 일상이었다. 수술 직후에는 면역억제제의 혈중 농도를 조절하는 것부터 시작해 각종 항생제와 항바이러스제, 항진균제 투약과 매일같이 혈액검사와 동맥혈가스검사, 흉부 엑스레이 촬영, 초음파 검사 등이 필수적으로 이어졌다. 혹여나 합병증이 생기면 추가적인 검사와 시술이 필요하기도 했다.

큰 수술만큼이나 많은 치료과정이 필요한 만큼 환자와 보호자들에게는 수술비와 입원비 등의 금전적인 부분도 분명 큰 부담으로 다가올 것이다. 그럼에도 불구하고 많은 이들이 간이식이라는 최후의 선택을 하는 이유는 살기 위해서였다. 간경화나 간염 등의 말기 간질환자의 경우 간이식이 유일하게 생명을 이어 나갈 수 있는 방법이기 때문이었다.

간이식 중환자실에 있으면서 우리나라의 가족 문화와 끈끈한 정에 대해 매번 느낄 수 있었다. 우리나라에서는 가족 중 누군가가 간이식이 필요한 경우 부모가 자식에게 혹은 자식이 부모에게 선뜻 간을 나눠주는 경우가 흔하다. 여러 가지 조건이 맞지 않으면 형제자매 혹은 친척까지 나서서 가족을 살리기 위해 기꺼이 차가운 수술대에 오르기도 한다. 외국의 경우는 상대적으로 한국에 비해 그런 모습을 쉽게 찾아볼 수 없다고 한다. 그래서 외국은 뇌사자의 장기기증에 의존하며 뇌사자 간이식의 비율이 상대적으로 높은 반면 우리나라의 경우는 살아 있는 사람으로부터의 생체 간이식 비율이 훨씬 더 높고 활발하다.

간이식 중환자실에서 일하다 보면 부모님에게 간을 이식해 준 자식들이 환자복을 입고 면회를 오는 모습을 심심치 않게 볼 수 있다. 아직 아물지 않은 수술 상처에 복대를 싸매고 보기만 해도 힘겨운 걸음으로 중환자실로 면회를 오는 모습은 우리나라의 끈끈한 가족애를 느낄 수 있게 했다. 다행히 간이식을 받은 수혜자에 비해 간을 나눠준 공여자는 회복 속도가 빠른 편이다. 또한 간은 재생능력이 굉장히 뛰어난 장기로 이식 후 원래 크기의 1/3만 남아 있어도 2달 안에 수술 전의 크기와 비슷하게 자라고 기능도 그 전과 같이 회복된다고 한다. 배에 수술 상처는 남게 되겠지만 소중한 가족의 생명을 살릴 수 있는 간이식은 분명히 그들에게는 어둠 속에서 찾은 한 줄기의 빛이었을 것이다.

뇌사자 간이식의 경우는 예상치 못하게 응급으로 진행되는 경우가 많았다. 뇌사 판정을 받은 기증자에게서 최대한 빨리 간을 이식받기 위해서였다. 한번 수술이 잡히면 예기치 못한 수술 스케줄에 수술실은 물론 중환자실에서도 환자를 받기 위한 준비로 손발이 빨라졌다. 환자의 컨디션도 생체 간이식 환자에 비해 좋지 않은 경우가 많아 더욱 긴장을 하고 만반의 준비를 해야 했다. 간이식 중환자실에서 일하면서 거의 죽음의 문턱까지 갔던 사람들이 기증된 간을 이식받고 기적적으로 회복하는 모습을 많이 보게 됐다. 이들에게 새 생명을 나누어 주고 가는 감사한 기증자가 없었다면 그들은 소중한 삶을 다시금 이어갈 수 없었을 것이다. 그분들에게 고마움을 표시하는 최선의 방법은 지금보다 더 건강하고 더욱 의미 있는 삶을 살아가는 것일 것이다.

삶과 죽음의 경계, 그 어딘가에서

중환자실은 병원에서 죽음과 가장 가깝게 맞닿아 있는 곳 중 하나일 것이다. 치료 후 호전되어 건강하게 퇴원을 하는 사람들이 있는 반면 좁은 침대 안에서 몇 달이고 누워 지내다가 유명을 달리하시는 분들도 있다. 같은 공간에서 엇갈리는 운명을 하루에도 몇 번이고 볼 때면 삶의 기구함에 대해 생각하게 된다. 중환자실은 삶과 죽음의 경계, 그 애매한 어딘가에서 헤매고 있는 환자들을 죽을힘을 다해 끌어당기기 위해 애쓰는 전쟁터와 같은 곳이었다.

간호사들이 출근을 하면 매일 하루도 빠뜨리지 않고 가장 먼저 하는 일이 있다. 바로 응급카트를 점검하는 일이다. 응급카트에는 수십 가지가 넘는 다양한 약물, 각종 의료물품, 제세동기 등의 응급상황에 필요한 모든 물품들이 갖춰져 있어 신속하게 응급상황을 대처할 수 있게 한다. 응급카트에 있는 물품이 한 가지라도 없거나 제세동기가 제대로 작동하지 않는 경우 환자의 생명에 직접적인 영향을 미칠 수 있는 만큼 응급카트를 점검하는 일은 환자들을 위해서 굉장히 중요한 일이다. 응급카트에 있는 약물의 개수와 종류, 유효기간, 물품의 작동 여부, 제세동기의 작동 여부와 충전 상태 등 어느 것 하나 소홀히 넘길 수 없는 것들이다. 가장 좋은 것은 이 응급카트를 사용할 일이 없는 것이겠지만 중환자실에서는 하루에도 몇 번이고 응급카트를 끌고 환자에게 달려가는 일이 생기곤 한다.

간이식을 통해 많은 사람들이 건강을 되찾고 새로운 삶을 살아간다. 하지만 모든 환자가 이식 후 예후가 좋은 것은 아니었다. 이식 후 심한 거부반응과 합병증으로 인해 오랜 기간 중환자실에서 투병을 하던 환자분이 있었다. 그 환자분에게는 매일같이 찾아와 병간호를 해 주는 아들이 있었다. 30분씩 오전, 오후 두 번의 짧은 면회였지만 그 짧은 시간만으로도 아버지에 대한 아들의 지극한 효성과 사랑을 느낄 수 있었다. 하지만 아들의 정성에도 불구하고 아버지의 상태는 계속해서 나빠지고 있었다.

몇 달 전 처음 중환자실에 입원했을 때의 건장했던 체구는 눈에 띄

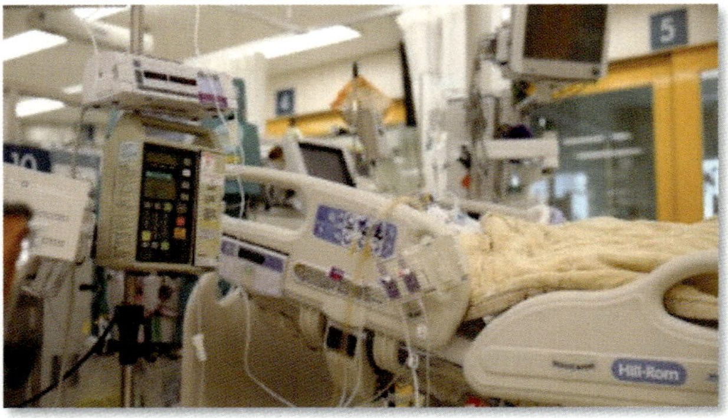

게 많이 야위어 있었다. 환자의 장기는 이미 대부분 망가져 제 기능을 하지 못하고 있었고 오랜 병원 생활 끝에 몸은 약해질 대로 약해져 있었다. 각종 약물들과 의료기기들로 하루하루를 연명하며 실오라기 같은 생명의 끈을 간신히 부여잡고 있는 상황이었다. 중심정맥관을 잡기 위한 굵은 바늘이 수없이 지나간 목 근처에는 오랜 병원 생활만큼이나 많은 주사바늘의 상처들이 있었다. 매일같이 안 좋아지는 환자의 각종 검사 수치들은 서서히 그에게 죽음의 그림자가 드리워지고 있음을 암시해 주고 있었다.

그러던 어느 날 힘들게 버텨 주던 그 환자의 심장이 갑작스레 멎었다. 이미 이전에도 수차례 심장이 멈췄다 돌아왔었던 적이 있었기에 전혀 예상하지 못했던 상황은 아니었다. 담당 간호사는 다급하게 주변에 소리쳐 도움을 요청했고 담당 의사와 주변 간호사들은 응급카트를 끌고 그 환자의 주변을 순식간에 에워쌌다. 즉시 환자 위로 올라가 흉부를 압박하는 심폐소생술이 이어졌고 응급 약물인 에피네프린(epinephrine)이 투여됐다. 하지만 의료진들의 노력에도 불구하고 멈췄던 심장은 다시 뛸 생각을 하지 않고 있었다. 몇 분이 지났을까. 아버지의 심장이 멈췄다는 연락을 받은 아들이 헐레벌떡 중환자실 문을 열고 뛰어 들어왔다. 심장이 멎은 후 5분이 채 되지 않아 중환자실에 도착한 것을 봤을 때 지금의 상황을 예상한 듯 병원 근처에 있었던 게 분명했다.

도착한 아들은 심폐소생술을 받는 아버지를 얼마간 물끄러미 쳐다봤다. 그리고 나지막하게 소리쳤다. “이제 됐으니까 멈춰주세요.” 그 짧은 말 한마디에는 형언할 수 없는 많은 감정이 담겨 있었다. 더 이상의 의미 없는 연명치료는 아버지뿐만 아니라 남은 가족들 모두에게 더 큰 고통을 안겨 줄 뿐이라는 것을 그는 잘 알고 있었다. 아들의 외침을 들은 의료진들은 모두 일제히 하던 것들을 멈췄다. 모니터에 나타나 있는 심전도는 여전이 미동도 없이 직선을 그리며 지나가고 있었다.

환자분의 마지막 가는 길을 도와 드리기 위해 몸에 있는 각종 주사바늘과 배액관들을 제거하고 인공호흡기에 연결된 기관내삽관도 제거했다. 각종 연명장치와 의료 기계들을 주렁주렁 달고 있는 모습일 때보다 오히려 표정이 한결 편안해 보였다. 따뜻한 물수건으로 몸 구석구석을 닦아 드리고 가장 깨끗해 보이는 환의를 골라 갈아입혀 드렸다. 그렇게, 마지막으로 가족들과의 이별을 위한 시간을 보낼 수 있도록 도와 드렸다. 깊이를 예상할 수 없는 슬픔 속에서도 보호자는 중환자실을 떠나면서 우리를 향해 감사하다는 말을 잊지 않았다. 환자분은 평소에 그렇게도 나가고 싶어 하셨던 중환자실을 조용히 떠나가셨다.

오랜 시간 동안 간호사들과 함께했던 만큼 간호사들이 느끼는 슬픔 또한 이루 말할 수 없이 컸다. 일하는 내내 괜스레 환자분이 떠나간 빈자리가 휑하고 크게만 느껴졌다. 나는 눈시울이 붉어진 채 마스크를 얼굴에 반쯤 덮고 다른 환자의 밀린 투약을 위해 다시 주사기를 집어 들었다. 한동안 병동 전체가 슬픔에 잠겨 조용해졌다. 하지만 슬픔이 채 가시기도 전 그 자리는 새로운 응급 환자로 채워졌다. 죽음과 가장 가까이 맞닿아 있는 중환자실에서 일하는 사람들에게도 이별의 슬픔은 좀처럼 무뎌지지 않는 것이었다.

오늘 하루가 당신의 마지막 날이라면

'영원히 살 것처럼 꿈꾸고 내일 죽을 것처럼 살아라.'

영화배우 James Dean이 남긴 명언이다. 하지만 우리는 영원히 살 것처럼 살아가고 내일 죽을 것처럼 꿈꾼다. 인간의 삶은 유한하며 그것은 거지든 부자든 누구에게나 상관없이 동일하게 적용된다. 즉, 사람은 언젠가는 죽는다. 하지만 우리는 대부분이 그러한 사실을 인지하며 살아가지 않는다. 정확히는, 인지하려 하지 않는다. 내가 언젠가 죽을 것이라는 생각을 평상시에 가지고 살아가는 사람은 아마 흔치 않을 것이다. 누군가는 백발에 주름이 깊게 패인 얼굴을 가진 노인이 될 때까지 살아가기도 하지만 또 누군가는 그러지 못한다. 중환자실에서 일하며 많은 분들의 마지막을 옆에서 지켜보며 죽음은 생각했던 것보다 아주 가까운 곳에, 어쩌면 항상 우리 곁에 있다는 생각이 들었다.

하루는 겉으로 보기에는 중증도가 그리 심해 보이지 않는 환자 한 분이 중환자실로 오셨다. 엑스레이상으로 폐렴이 진행되어 병동에서 전동 온 환자였다. 환자분은 스스로 기침을 하고 가래를 뱉어 내는 능력이 부족해 치료를 위해 기관내삽관이 필요해 보였다. 보통 폐렴이 진행되면 기관내삽관을 하고 매시간 관을 통해 고무튜브를 넣어 가래를 뽑고 약물을 투여하며 경과를 지켜본다. 이러한 치료과정이 환자에게 매우 고통스럽기 때문에 보통은 치료기간 동안 진정약물을 투여하여 수면을 유도하는 것이 일반적이다.

이 환자 또한 폐렴이 상당히 진행되어 기관내삽관과 진정치료가 불가피해 보였다. 환자분은 숨 쉬는 게 조금 힘들어 보였지만 그래도 아직 충분히 대화로 의사소통이 가능한 상태였다. 기관내삽관과 진정치료를 시작하기 전 치료에 대한 필요성을 설명하고 동의서를 받았다. 기관내삽관 직전 환자분은 이런 경험이 한두 번이 아닌 듯 아무렇지 않게 “나 너무 오래는 재우지마.”라고 말을 건넸다. “알겠어요, 너무 오래 재우지 않도록 할게요.”라고 기도삽관을 맡은 의사는 대답했다. 그 후 수면 유도 약물이 투여됐고 기관내삽관이 순조롭게 이루어졌다. 하지만 며칠 만에 폐렴이 급속도로 진행되었고 그때 나누었던 대화가 그 환자의 생전 마지막 대화가 되어 버렸다. 오래 재우지 않겠다고 말했던 의사의 말은 지킬 수 없는 약속이 되어 버렸다. 그곳에 있었던 어느 누구도 그때 나눴던 대화가 환자분의 생전 마지막 대화가 될 것이라고 생각하지 못했다. 아마 환자분 스스로도 그러했을 것이다. 그 순간이 마지막이 될 것을 알았다면 아마 사랑하는 사람들의 얼굴을 한 번이라도 더 보고 한마디라도 더 이야기를 나눴을지도 모른다.

또 하루는 한눈에 보기에도 어려 보이는 여자아이가 중환자실에 온 적이 있다. 학교에서 공부도 잘하고 그 나이 또래의 여자아이라면 좋아할 만한 아이돌 가수를 좋아하는 그런 평범한 여고생이었다. 며칠 전까지만 해도 평소와 다르지 않은 평범한 일상을 보내던 어린 소녀는 갑작스러운 몸살 기운에 감기약을 복용했다고 한다. 그리고 얼마 후 급성간부전이 나타났고 간성혼수와 심한 뇌부종으로 인해 의식까지 잃게 됐다. 상황이 심각하게 흘러가자 의료진과 소녀의 가족들은 고심 끝에 최후의 방법으로 간이식을 결정하게 되었다.

다행히 친척 중 한 명이 소녀의 간이식에 적합하여 급하게 간이식 수술을 받게 되었다. 12시간에 이르는 간이식 수술은 어린 소녀가 감당하기에는 너무나 가혹한 것이었다. 그러나 소녀가 기나긴 시간을 잘 버텨준 덕에 수술은 다행히 성공적으로 진행되었다. 간이식 후 뇌부종이 조금씩 감소하기 시작했고 기적적으로 의식을 되찾았다. 의료진들과 가족들 모두 소녀의 회복에 크게 기뻐했다. 간이식 수술 후 상태는 빠르게 호전되어 중환자실에서 병동으로 가게 됐다.

며칠이 지난 어느 날 출근을 하니 익숙한 얼굴의 소녀가 다시금 중환자실 침대에 누워 있었다. 병동에서 상태가 호전되어 가나 싶더니 갑작스럽게 간부전이 나타났고 또다시 뇌부종으로 인해 의식을 잃었다고 한다. 중환자실에서 일하면서 나는 환자가 병실로 올라가면 다시는 마주하지 않길 간절히 바란다. 환자가 건강을 되찾아 퇴원을 하고 간혹 감사의 인사를 위해 찾아오는 경우를 제외하고, 가장 좋은 것은 다시 환자의 얼굴을 보지 않는 것이다. 이유인 즉 다시 환자를 마주하게 되는 경우는 병동에서 상태가 안 좋아져 또다시 중환자실로 오는 경우가 대부분이기 때문이다. 불행히도 소녀는 후자의 경우였다.

오랜만에 마주한 소녀의 안색은 생각보다 많이 안 좋아 보였다. 의식 없이 기관내삽관을 하고 인공호흡기에 의존한 채 침대에 누워 있었다. 소녀에게는 시간이 많이 없어 보였다. 이식했던 간이 소녀의 몸에서 제대로 버텨 내지 못했고 치료를 위해서는 재이식을 하는 방법밖에 없었다. 가족들은 물론 어린 소녀를 살리기 위해서라면 재이식을 할 의사가 분명했다. 소녀는 의식이 없는 혼수상태였기 때문에 급하게 재이식을 위한 뇌파검사를 진행하게 됐다. 그런데 불행하게도 재이식을 위한 뇌파검사에서 소녀는 뇌사 판정을 받게 되었다. 뇌사상태라고 하면 쉽게 말해 뇌가 죽어 버린 상태를 말한다. 여전히 심장이 뛰고 인공호흡기를 통해 호흡은 가능하지만 의학적으로 의식이 깨어나는 것이 불가능한 상태였다. 뇌사 판정을 받은 후 일주일을 채 버티지 못하고 어린 소녀의 불씨는 힘없이 꺼져버렸다. 소녀의 가족들은 모두 그 자리에 쓰러져 오열하기 시작했다. 의료진으로서 옆에서 함께 소녀의 마지막을 지켜볼 수밖에 없었기에 너무나 마음이 아팠다. 무엇인가 끝이 날카로운 것에 찔린 것처럼 가슴이 아려왔다. 소녀가 갑작스럽게 아프고 간 이식을 받고 병세가 악화되어 가족의 곁을 떠나기까지의 모든 과정은 채 한 달이 걸리지 않았다. 과연 소녀는 본인이 앞으로 채 한 달을 살 수 없다는 것을 예상이나 했을까? 만약에 영화 '인타임'이나 '데스노트'에서처럼 사람의 남은 수명이 눈에 보인다면 우리의 삶은 어떻게 달라질까? 여전히 말라빠진 식빵을 입에 구겨 넣듯 아무런 의미 없는 시간을 보내며 그럭저럭 하루하루를 소비하며 살아가게 될까?

지금 이 순간에도 많은 사람들이 오늘 하루를 살아가고 있다. 하지만 모든 사람들에게 주어진 오늘 하루의 가치는 같을 수 없다. 시한부 선고를 받은 암환자나 사형 날짜가 잡힌 사형수에게 하루하루가 얼마나 농밀하고 소중한 시간들이 될지 우리는 감히 상상조차 할 수 없다. 우리는 늘 곁에 가지고 있는 것일수록 익숙함에 젖어 소중함을 잊기 쉽다. 너무나도 당연히 우리에게 주어졌다고 생각하는 오늘 하루, 그리고 다가올 내일은 모두에게 당연히 주어지는 것이 아니다. 죽음이라는 것은 누구에게나 생각하기 싫고 받아들이기 싫은 것이다. 하지만 인간이라면 어느 누구도 죽음을 피할 수 없다. 우리가 해야 할 일은 죽음을 피하는 방법을 찾는 것이 아니다. 죽음 앞에서 우리가 해야 할, 그리고 할 수 있는 일은 지금 이 순간을 소중히 여기며 하루하루를 감사한 마음으로 보내는 것이다. 언젠가 인생의 마지막에 죽음이라는 녀석을 만나게 되더라도 후회 없는 삶을 살았다고 한번 씩 웃을 수 있도록 말이다.

우리는 살아가며 수많은 선택의 기로에 놓이게 된다. 인생은 선택의 연속이라고 할 정도로 지금까지 많은 선택을 해 왔고 앞으로 해야 할 더 많은 선택들이 우리를 기다리고 있다. 또한 그러한 선택이 우리의 삶을 바꾸고 새로이 만든다. 그렇다면 어떻게 하면 우리가 직면할 선택의 기로에서 후회 없는 올바른 의사결정을 할 수 있을까? 나에게는 어떠한 일을 시작하거나 무엇인가 중요한 의사결정을 할 때마다 늘 스스로에게 던지는 질문이 있다.

'만약 오늘 하루가 내 삶의 마지막 날이라고 해도 나는 과연 이 일을 할 것인가?'

한 문장의 이 질문은 삶을 살아감에 있어 끊임없는 선택의 기로에 놓일 때마다 현명한 결정을 이끌어 주는 좋은 삶의 지표가 된다. 혹시 어려운 결정을 앞두고 고민하고 있다면 스스로에게 질문을 던져 보는 게 어떨까.

'오늘 하루가 당신의 삶에 마지막 날이라면?'

오늘 하루는 당신의 삶에 최고의 선물이며 내일 하루는 당신이 살아온 삶의 최고의 날이 되길 간절히 바라본다.

버터 낼 수 있는 이유

극심한 취업난이 매년 이어지고 사회도 불안정한 와중에 안정된 직업을 원하는 사람들이 늘어나고 있다. 간호사라는 직업의 높은 취업률과 전문직이라는 안정성을 보고 매년 많은 사람들이 간호사가 되기 위해 간호학과로 진학하고 있다. 3교대라는 단점이 있지만 적지 않은 월급을 받을 수 있는 부분도 아마 한 몫을 했을 것 같다. 하지만 간호사라는 직업은 단순히 높은 취업률과 돈만 바라보고 와서는 결코 오래 할 수 있는 직업이 아니다.

근무를 마치고 나면 온몸에 기운이 하나도 없어 침대에 곧장 쓰러지곤 했다. 3교대 근무로 인한 잦은 수면패턴의 변화는 피로를 더욱 가중시켰다. 오프(off duty; 비번)에도 좀처럼 사람들을 만나지 않았고 하루 종일을 침대 위에서 시간을 보냈다. 무엇인가를 할 의욕이 도무지 생기지 않았다. 더 이상 아무 것도 하고 싶지 않았다. 처음에는 나만 이런 감정을 느끼고 있는 줄 알았는데 주변에 있는 대부분의 간호사 친구들도 똑같은 감정을 느끼고 있다는 것을 알게 되었다. 흔히 '번아웃증후군(Burnout syndrome)'으로 잘 알려진 탈진증후군을 겪고 있는 것이었다. 번아웃증후군이란 한 가지 일에만 몰두하던 사람이 극도의 피로감으로 인해 우울증이나 무기력증 등에 빠지는 것을 말한다. 번아웃증후군에 가장 노출되기 쉬운 직군 중 하나가 바로 간호사였다. 통계에 따르면 약 70% 이상의 간호사들이 번아웃증후군을 겪어봤으며 특히 고된 업무에 시달리는 중환자실의 간호사는 무려 97%가 번아웃증후군을 경험해 봤다고 한다.

교대 근무로 인해 규칙적인 생활이 불가능했기 때문에 식사를 제때 챙겨 먹는 것도 쉽지 않았다. 3교대 근무를 하며 살아남기 위해서는 잠은 잘 수 있을 때 자고 밥은 먹을 수 있을 때 먹어야 했다. 하루는 전날의 이브닝 근무에서 늦게 퇴근하는 바람에 늦잠을 자느라 아침과 점심을 거른 채 오후 근무에 출근한 적이 있다. 하필 그날 중증도가 높은 위중한 환자를 돌보게 됐다. 환자의 상태는 곁을 잠시도 떠날 수 없을 정도로 좋지 않았다. 당연히 저녁식사는 생략했다. 그리고 자정이 넘은

늦은 시각 겨우 퇴근할 수 있었다. 긴장이 풀리면서 갑자기 심한 허기가 몰려오기 시작했다. 생각해 보니 24시간 이상 입에 아무것도 넣지 않았던 것이다. 환자의 경관유동식은 잠시라도 끊이지 않을까 노심초사하며 꼬박꼬박 챙기면서 정작 스스로는 아무것도 먹을 수 없었다. 내 환자의 소변통은 매시간 놓치지 않고 비우고 기록하지만 정작 스스로는 12시간 동안 화장실 한 번 가지 못했다. 그날의 퇴근길에는 유난히도 많은 생각들이 머릿속을 가득 채웠다.

근무 중 식사를 할 때면, 중환자실을 출발해서 식당에 도착, 밥을 먹고 다시 중환자실에 도착하기까지의 시간이 항상 30분을 넘지 않았다. 누군가 그렇게 빨리 먹고 오라고 시킨 것은 아니었다. 단지 그렇게 하지 않으면 좀처럼 따라가지 못할 정도의 업무량 때문이었다. 밥을 먹는 날은 그나마 다행이었다. 밥을 먹지 않아도 이미 버거울 정도의 일이 쌓여 있을 때는 식사를 건너뛰는 일도 다반사였다. 응급 환자를 간호하느라 12시간을 넘게 화장실에 가지 못해 참고 참다가 방광염에 걸린 동기도 보았다. 신규 간호사의 1년 이내 이직률은 30%를 훌쩍 넘긴다고 한다. 그 통계적 수치가 나타내는 의미가 나에게는 너무나도 깊게 와 닿았다. 오후 근무를 위해 병원으로 들어가는 출근 길, 점심시간에 벤치에서 따스한 햇살을 즐기며 이야기를 나누고 있는 병원 직원들의 모습이 눈에 들어왔다. 그들의 여유로움이 우리네 간호사들의 모습과 대비되면서 괜스레 슬픔이 밀려왔다.

그런데도 불구하고 중환자실에서 힘든 시간을 버텨 낼 수 있었던 이유는 '사람'이었다. 죽음의 문턱에서 간이식을 받고 기적처럼 건강을 되찾은 환자분이 두 발로 중환자실에 걸어 들어와 해 주신 감사하다는 말 한마디. 면회 때 잠시 들어온 보호자분이 잘 부탁한다며 맞잡아 준 손의 따스한 온도. 신규 때부터 함께 고생하며 서로의 넋두리를 매일같이 받아 주던 동기들. 정신없이 바쁜 근무를 끝내고 시원한 맥주 한잔으로 그날의 고생을 털어 버리게 해 준 동료 간호사들. 뒤돌아보면 주변의 모든 사람 하나하나가 내가 이곳을 버틸 수 있게 해 준 힘이었고 이곳에 남아 있는 이유였다.

힘든 신규 생활을 버텨 내기 위해서는 목표를 정하고 자신만의 버텨 낼 수 있는 이유를 만들어 두는 것이 좋다. 예를 들어 "임상경력 1년을 꼭 채워 보겠다." 혹은 "5천만 원을 모을 때까지는 그만두지 않겠다." 등 그 목표가 돈, 경력 그 이외의 어떤 것이든 상관은 없다. 일단 목표를 정하는 것만으로도 하루하루를 버텨 낼 이유와 힘이 생기기 때문이다. 만약 목표를 이뤘다면 그 다음에는 또 다른 단기적 혹은 장기적 목표를 정하면 된다. 별것 아닌 것 같지만 실제로 많은 사람들이 효과를 본 방법이다.

자신만의 스트레스 해소 방법을 찾고 의지할 수 있는 지지체계를 만들어 두는 것도 많은 도움이 된다. 오프 날만 되면 하루 종일을 침대에서 보내는 주변 간호사들을 많이 봤다. 물론 3교대의 고된 업무로 인해 피로가 쌓였기 때문에 충분히 이해가 된다. 나 또한 다르지 않았으니. 하지만 간호사라는 직업의 특성상 항상 아픈 사람들을 만나게 되고 무의식적으로 아픈 환자에 감정이입이 되는 경우가 많다고 한다. 하루 종일을 아무런 말도 하지 않고 좁은 방에만 있다면 우울한 감정이 더욱 커질 수밖에 없다. 오프 날에는 이불 밖으로 나가 사람들을 만나고 활동적으로 보내는 것이 좋다. 가족이나 친구, 연인, 동기 등 자신의 고민이나 고충을 털어 놓을 지지체계를 잘 이용해야 한다. 운동이나 독서 같은 취미 활동 등 각자에게 맞는 스트레스 해소법을 통해 스트레스를 관리하는 것도 좋은 방법 중 하나이다.

하지만 언제까지나 간호사 개개인이 과도한 업무와 스트레스를 힘들게 버텨 내는 것이 답이 될 수 없다. 가장 본질적으로 필요한 것은 간호사들을 병원 밖으로 내몰고 있는 열악한 근무환경과 처우를 개선하는 것이다. 우리나라의 경우 간호사 1인당 배치되는 환자의 수가 다른 국가들에 비해 압도적으로 높은 편이다. 그것은 오롯이 간호사들의 업무 부담과 스트레스로 다가오게 된다. 간호사의 열악한 근무환경은 의료의 질 저하로 직접적으로 연결되고 그 피해는 오롯이 환자들의 몫으로 돌아가게 된다. 간호사도 간호가 필요한 사람이다. 간호사가 행복할 수 없는 나라에서는 결코 환자도 행복할 수 없을 것이다.

끝으로, 간호사로 일하면서 근본적으로 잊지 말아야 할 한 가지. 바로 자신이 하고 있는 일이 어떤 의미를 가진 일인지를 생각해 보는 것이다. 나에게는 일상이 되어 버린 투약, 체위 변경, 기본간호 등은 누군가에게는 인생의 커다란 굴곡에서 겪게 되는 따스하고 감사한 손길일 것이다. 또한 내가 하는 사소한 간호 행위 하나하나가 꺼져 가는 생명의 불씨를 조금씩 살려 내고 있다는 것을 알아야 한다. 하루하루 반복되는 생활을 하다 보면 이러한 소중한 사실을 잊고 지내기 쉽다. 그럴 때마다 내가 지금 하고 있는 것이 무슨 의미를 가지고 있는 일인지를 끊임없이 되뇌어 볼 필요가 있다.

간호사는 생명을 다뤄 살 떨리는 직업이 아닌, 생명을 다루기에 더욱 고귀하고 보람 있는 직업이라는 것을 잊지 않도록 해야 한다.

남자 간호사가 아니고 간호사입니다

"남자가 간호사를 해?"

"당연히 의사인 줄 알았지."

간호학과로 진학하고는 물론 임상에서 일을 하면서도 종종 들어 본 말들이다. 처음 간호학과에 진학하기로 마음먹었을 때는 "일부러 여자가 많은 학과를 골라서 가는 게 아니냐."는 친구들의 우스갯소리도 들은 적이 있다. 이 모든 것들이 간호사라는 직업에 대한 잘못된 성 편향적 시선에서 비롯된 것들이었다. 간호사는 여성의 이미지가 강한 대표적인 직업 중 하나이다. 비단 간호사뿐만 아니라 소방관, 경찰관, 군인,

어린이집 선생님, 승무원 등 또한 성 고정관념이 짙은 직업들이다. 하지만 요즘은 남녀로 직업을 구분하여 생각하는 성 편향적 시선이 점점 사라지고 있는 추세다. '직업에는 귀천이 없다.'는 말이 있는 것처럼 '직업에는 남녀의 성별도 따로 없다.'고 생각한다.

우리나라에 첫 남자 간호사가 배출된 1962년 이래로 현재까지 약 1만 7천 명 이상(2019년 3월 기준)의 남자 간호사가 배출됐다. 전체 간호사의 수를 100명으로 봤을 때 약 4명이 남자 간호사인 셈이다. 아직까지도 그 숫자는 여전히 미미한 편이지만 매년 간호사를 꿈꾸며 간호학과로 진학하는 남성의 비율은 꾸준히 증가하고 있다. 남자 간호사가 임상에서 일을 하게 되면서 초기에는 응급실, 중환자실, 수술실과 같은 특수부서로 몰리는 경향이 있었다. 하지만 지금은 일반 병동을 비롯한 신생아실, 보건교사까지 점점 더 넓은 분야로 활동 반경을 넓히며 각자의 자리에서 맹활약을 하고 있다. 이제는 임상에서 활동하는 남자 간호사를 만나는 일이 예전만큼 어렵지 않다.

내가 일하는 중환자실에도 남자 간호사들이 하나 둘 들어오더니 어느덧 나를 포함해 5명이 되었다. 확실히 아직은 병동에 비해 특수부서에서 일을 시작하는 남자 간호사들이 많은 편이다. 직장 생활을 함에 있어 남녀를 굳이 나눌 필요는 없지만 아무래도 같은 남자라서 더 가깝게 지낼 수 있고 더욱 편하게 병원 생활에 대한 속내를 털어 놓기도 한다. 오프가 맞는 날에는 함께 콧바람을 쐬러 다녀오기도 하며 힘든 병원 생활을 버틸 수 있는 힘을 서로에게서 얻기도 한다. 신규로 남자 간호사가 들어온다면 아마 기존의 남자 간호사들은 신규 생활을 이겨낼 수 있는 든든한 지지체계가 되어줄 것이다. 앞으로 더욱 많은 남자 간호사들이 임상에 배출되어 가까운 미래에는 남녀의 성비가 비슷해지는 날도 올 것이라는 기대도 해 본다.

남자 간호사라고 하면 무거운 의료장비 혹은 환자를 옮기거나 정신병동에서 발버둥치는 환자를 제압하는 등 상대적으로 힘이 필요한 부서에서 많이 필요할 것이라 생각할 수 있다. 하지만 모든 여자 간호사가 섬세하고 꼼꼼하지 않은 것처럼 반대로 모든 남자 간호사가 힘이 센

것은 아니다. 이러한 생각을 가지고 있는 것 또한 성 편향적인 사고에서 비롯된 잘못된 시각일 것이다. 임상에서 일하다 보면 여자 간호사만큼이나 섬세하고 친절한 남자 간호사도 많이 있다는 것을 알 수 있다. 이제는 색안경을 벗어 던지고 성별에 구분 없이 생명을 다루는 '간호사'라는 전문직으로 바라봐 주었으면 좋겠다.

매년 남자 간호사의 수는 빠르게 늘어나고 있다. 하지만 여전히 소수이기 때문에 겪게 되는 어려움과 편견이 남아 있다. 아직 병원에서 일하는 남자 간호사의 수가 많지 않기 때문에 남자 간호사를 위한 탈의실 등의 편의시설도 열악한 편이다. 실제로 학생 때 병원으로 실습을 갔는데 남자 간호학생을 위한 탈의실이 없어 곤란했던 적이 있다. 그때는 화장실을 이용하거나 여학생들에게 양해를 구하고 먼저 들어가서 옷을 갈아입었던 기억이 있다. 간혹 남자 간호학생을 위한 탈의실이 있는 병원도 있었지만 그마저 각종 의료물품들을 보관하는 창고에 임시로 만들어 놓은 곳들이 전부였다. 점점 더 남자 간호사를 바라보는 시선이 나아지고 있다고 하지만 아직도 임상에서는 편견으로 인한 여러 어려움을 겪고 있는 게 현실이다.

간호학생 때 산부인과로 실습을 나간 적이 있었다. 하루는 한 임산부가 정기검진 초음파검사를 위해 병원을 방문했다. 겉으로 보기에도 배가 많이 불러 한눈에도 출산일이 임박했음을 알 수 있었다. 초음파를 위해 옷을 배 위까지 걷고 다른 간호사 선생님과 함께 검사를 위한 준비를 도와 드리고 있었다. 그때 남자였던 내가 불편했는지 나가 달라는 부탁을 받았다. 그날을 시작으로 결국 산부인과 실습을 하는 내내 나는 병동 복도를 지킬 수밖에 없었다. 산부인과에 실습을 나왔던 다른 남자 간호학생들 또한 사정은 크게 다르지 않았다.

병원에서 일을 하면서도 마찬가지였다. 민감한 신체 부위를 다뤄야 하는 경우가 생길 때면 여자 환자들이 남자 간호사를 기피하거나 다른 여자 간호사 선생님을 불러 달라며 요청하는 경우가 종종 있었다. 물론 그때의 상황과 환자분들의 마음이 전혀 이해가 되지 않는 것은 아니다. 하지만 남자나 여자가 아닌 '한 명의 간호사로서 의료인으로 바라봐 줬다면 어땠을까?'하는 아쉬움이 많이 남는다. 언젠가는 '남자' 간호사가 아닌 한 명의 '간호사'로 바라봐 줄 수 있는 우리 사회가 되길 희망해 본다.

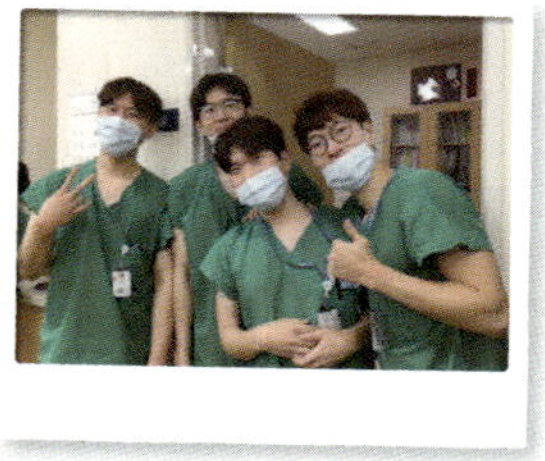

또 한 번의 해외봉사

스무 살 때 처음 경험한 해외봉사는 나를 성장시킬 수 있는 좋은 발판이 돼 주었다. 다양한 활동을 하고 꾸준히 봉사를 하며 여러 사람들을 만나기 시작한 것도 그때의 해외봉사가 기점이 되었다. 나눔을 몸소 실천함으로써 봉사의 가치와 보람을 처음 알게 된 것도 그때의 경험 덕분이었다. 하지만 일을 시작하면서는 항상 바쁘다는 핑계로 봉사하러 나가는 것이 생각처럼 쉽지 않았다.

그러던 중 우연히 내가 일하고 있는 서울아산병원에서도 해외봉사팀을 주기적으로 파견한다는 사실을 알게 됐다. 때마침 직원들을 대상으로 일주일간 필리핀과 베트남으로 의료봉사 파견을 갈 봉사자를 모집한다는 원내 공고를 발견했다. 갑자기 스무 살 여름의 기억이 떠올라 다시금 그때의 설렘과 두근거림이 느껴졌다. 그 당시에는 간호학과 학생으로 의료봉사를 갔었기 때문에 내가 전문적으로 할 수 있었던 것들이 별로 없었다. 하지만 지금 봉사를 가게 된다면 간호사로서 조금 더 전문적인 의료봉사가 가능할 것이다. 내가 가진 기술이나 재능을 도움이 필요한 사람들을 위해 사용할 수 있다면 그것만큼 좋은 것은 없을 것이라는 생각이 들었다.

해외봉사를 지원하기 위해 모집공고를 알아보니 병원에서 지원해주는 소정의 지원금을 제외한 경비 전액을 봉사자들의 사비로 가는 것이었다. 더군다나 약 일주일간의 봉사를 위한 기간도 봉사자 개인의 휴가와 연차를 사용해야 했다. 솔직히 처음에는 조금 망설여지긴 했지만 내 시간과 돈을 가치 있는 곳에 사용할 수 있는 좋은 기회라는 생각이 들었다. 해외여행을 가서 놀고 오는 것도 좋겠지만 더 가치 있는 일을 하며 휴가를 보내고 싶었기에 고민 없이 해외봉사단 지원신청서를 제출하게 됐다.

얼마 후 봉사를 신청한 병원 직원들끼리 첫 모임을 가졌다. 그 자리에는 의사, 간호사, 방사선사, 약사 등 다양한 직군의 봉사자 분들이 모여 계셨다. 직군뿐만 아니라 연령대도 굉장히 다양했다. 첫 모임에서는 현지에서 의료봉사를 하며 진료를 보게 될 과를 정하고 인원을 나눴다. 의료봉사에는 외과, 내과, 피부과, 치과, 약국 등 다양한 분야에서 많은 사람들이 필요로 했다. 그중 내가 맡은 분야는 외과 파트였다. 이번 외과 파트는 교수님 한 분과 인턴 한명, 그리고 간호사 2명이 한 팀이 되었다.

출국일이 점차 가까워지자 근무를 하면서 쉬는 날마다 틈틈이 모여 의료봉사 물품들을 준비했다. 필요한 의약품과 기구들을 분류하고 정리하는 과정에서부터 이미 우리의 봉사는 시작되고 있었다. 바쁜 와중에도 모두들 자신의 시간을 누군가를 위해 기꺼이 사용하는 사람들을 보면서 봉사를 시작하기도 전에 많은 것들을 느끼고 배울 수 있었다.

도착한 현지의 사정은 생각 이상으로 열악했다. 의료봉사를 위해 도착한 장소는 현지의 병원이긴 했지만 병원이라기보다는 오랫동안 사용하지 않은 창고에 가깝게 느껴졌다. 침대와 수납장에는 뽀얀 먼지가 가득 쌓여 있고 의료물품이나 기구도 사용할 만한 것이 거의 없었다. 급한 대로 청소를 하고 침대를 옮긴 후 준비해 갔던 약품과 기구들을 풀어 그럴싸한 간이 진료실을 만들었다. 순식간에 내과, 외과 등의 다양한 진료과뿐만 아니라 초음파, X-ray, 혈액검사를 하는 곳까지 웬만한 작은 병원을 그대로 옮겨 놓은 듯한 모습을 갖추기 시작했다.

내가 봉사를 하게 된 외과 파트에는 첫날부터 진료를 받기 위해 많은 사람들이 몰려들기 시작했다. 솔직히 말해 봉사를 하면서는 병원에서 일할 때보다 조금은 여유 있는 시간들을 보내게 될 것이라 생각했었다. 하지만 내 생각이 틀렸다는 것을 알기까지는 채 하루가 걸리지 않았다.

끝도 없는 줄이 매일같이 이어졌고 중환자실에서 일을 할 때만큼이나 눈코 뜰 새 없이 바쁜 시간들을 보내게 됐다. 봉사는 생각했던 것보다 더 힘들긴 했지만 힘든 만큼 한 명이라도 더 많은 사람에게 의료의 혜택을 줄 수 있다고 생각하며 열심히 봉사에 참여했다.

외과 파트를 찾아오는 환자들 중에는 커다란 혹을 몸에 가지고 있는 사람들이 많았다. 한국의 경우 간단한 수술로 쉽게 제거할 수 있는 혹을 이곳 사람들은 평생 동안 그대로 가지고 살고 있었다. 어깨, 등, 목,

신체의 다양한 부위에 있는 혹은 평생 동안 사람들의 일상생활을 불편하게 만들었다. 일반적으로 이러한 혹은 지방종(lipoma)으로 간단한 수술로도 제거가 가능한 것들이 대부분이었다. 혹을 가지고 있는 사람들 중에는 평생 등에 있는 혹 때문에 편히 눕지 못했던 사람도 있었고 입안에 있는 혹 때문에 음식을 먹을 때마다 매번 고생을 하던 사람도 있었다.

외과 파트에서는 간단한 수술을 위한 준비도 해 왔기에 사람들을 오랫동안 괴롭힌 지방종을 제거하는 수술을 진행하기로 했다. 나는 지금까지 중환자실에서만 일을 해 왔기 때문에 사실 수술실에 대해서는 경험이 전혀 없었지만 다행히도 함께 봉사를 하게 된 현민 선생님은 수술실에서의 경험이 많은 베테랑 간호사였다. 현민 선생님에게 기본적인 수술 물품들의 명칭을 배우고 수술 시 필요한 기구의 사용법을 배워 나도 수술을 보조하는 간호사로 참여하기로 했다.

수술실에서 간호사가 하는 일은 크게 소독간호사(Scrub Nurse)와 순회간호사(Circulating Nurse) 두 가지로 나뉜다. 현민 선생님은 멸균된 수술가운을 입고 멸균영역에서 의사의 수술을 보조하는 소독간호사의 역할을 했다. 나는 멸균영역의 밖에서 수술의 과정을 지켜보며 수술 중 필요한 생리식염수, 봉합사 등의 물품이나 기구를 공급하는 순회간호사의 역할을 맡았다. 간호학생 때 책에서만 봤던 수술실 간호사를 하는 것은 중환자실 간호사로만 일했던 나에게는 이색적인 경험이었다. 처음 접해 보는 수술실 간호사의 일이 쉽지만은 않았지만 중환자

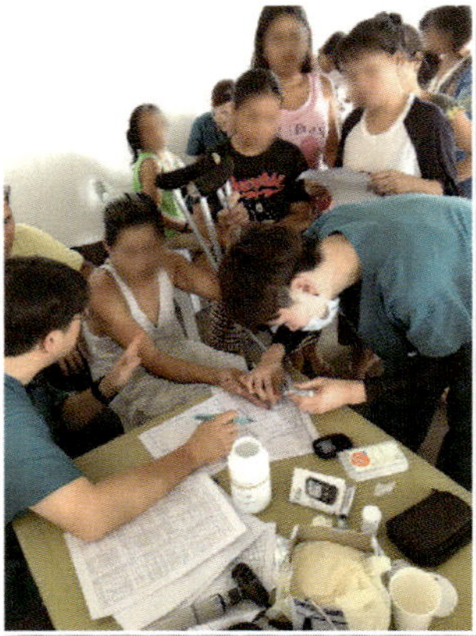

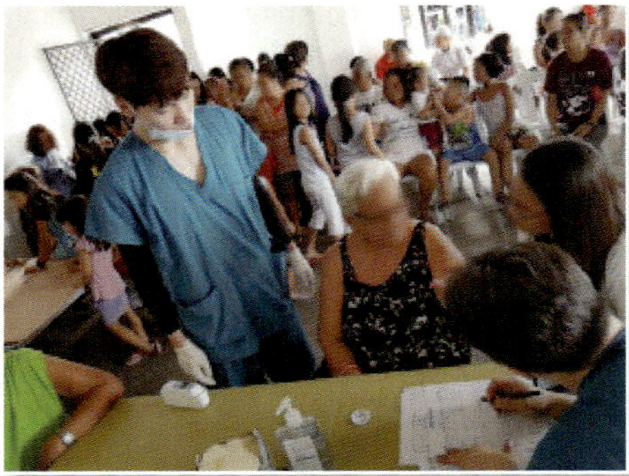

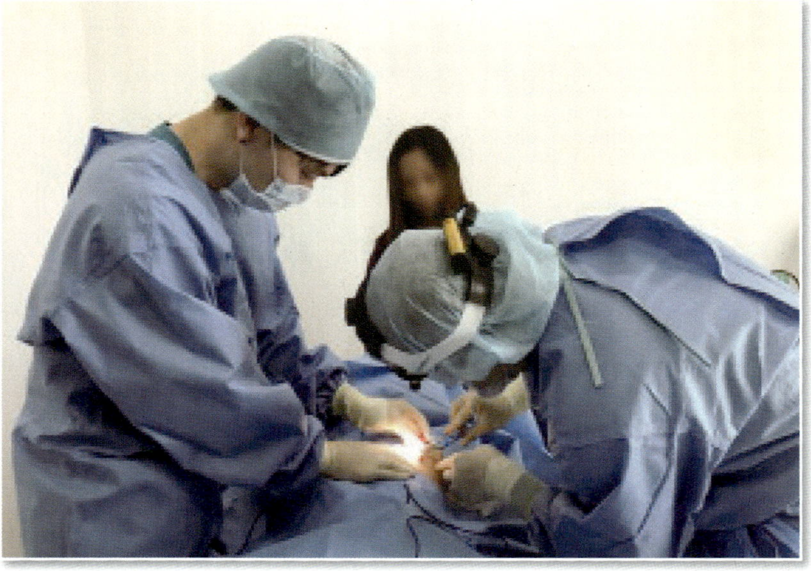

실 간호사의 일과는 색다른 업무가 흥미롭게 느껴졌다. 마지막에는 소독간호사로 참여해 교수님의 바로 옆에서 수술을 보조해 보는 경험도 해 볼 수 있었다. 수술실 간호사에게 요구되는 가장 중요한 기술은 철저한 무균술을 지켜는 것이었다. 수술기구를 준비할 때는 항상 신중에 신중을 기울여야 했다. 오염된 기구를 사용하는 것은 환자를 감염에 직접적으로 노출시켜 위험에 빠뜨릴 수도 있기 때문이었다. 포장된 수술물품을 하나하나 준비하는 과정은 언제나 조심스러웠다. 멸균되지 않은 부분에 기구가 스치듯 닿기만 해도 그 수술기구는 오염된 것으로 간주해 새로 준비해야 했다. 몇 번의 시행착오를 거쳤지만 수술실 경험이 많은 현민 선생님 덕분에 금방 수술실 간호사의 업무를 익히고 적응할 수 있었다.

수술을 통해 평생을 불편하게 달고 있던 혹을 제거한 사람들은 수술 후 아이처럼 신기한 눈으로 제거된 자신의 혹을 바라봤다. 그리고 속이 시원하다는 표정을 짓고 우리를 향해 끊임없이 감사함과 고마움을 표시했다. 사람들이 행복해 하는 모습을 보니 지금까지 봉사를 하며 힘들었던 고생들이 눈 녹듯 사라지는 기분이 들었다. 내가 가진 재능과 기술을 나눠 사람들을 행복하게 할 수 있는 간호사라는 직업을 가지고 있다는 사실에 한 번 더 감사함을 느낄 수 있는 시간들이었다.

수술 이외에도 사람들의 혈압을 측정하고 혈당을 체크하는 기본적인 일부터 진료를 위해 사람들을 안내하고 약국에서 처방된 약을 탈 수 있도록 도와 드리는 등 다양한 역할을 통해 의료봉사에 참여할 수 있었다. 중환자실에서만 일하면서는 절대 경험할 수 없는 다양한 분야와 환경에서 일을 하는 것은 나에게도 값진 경험이었다.

뒤돌아보면, 봉사활동은 매번 간호사로서의 마음가짐을 다잡고 내면을 성장시켜 주는 커다란 자극이 돼 주었다. 어떤 것을 얻기 위해 봉사에 참여한 적은 단 한 번도 없었지만 봉사는 나눔을 통해 항상 나를 성장시켜 주는 소중한 경험이었다.

3장

사막으로 가는 길

1
2
3
4
5
6
7
10
11
12
13
14
15
16
17
18
19
20
21
22
23
24
25
26
27
28
30
31
32
33
34
35
36
37
38
39
40
41

잊고 있었던 꿈에 대해

여느 날과 다름없이 중환자실에서의 고단한 근무를 마치고 숙소로 돌아가는 길이었다. 오늘도 정신없이 바빴지만 그래도 큰 사고 없이 무사히 하루를 보냈음에 안도의 한숨을 내뱉었다. 처음 중환자실로 발령받은 후 어색하고 힘들게만 느껴지던 일들과 3교대 근무 생활도 많이 익숙해졌다. 어느덧 중환자실 간호사로서 일한지도 1년이 다 돼 가고 있었다. 그런데 문득 '내가 지금 잘 살아가고 있는 걸까?'라는 의문이 들었다. 생각해 보니 나는 아무런 목표의식 없이 그저 하루살이처럼 하루하루를 살아가고 있었다. 오늘 하루도 무사히 버텨 냈다는 사실에 만족하며 그냥 그렇게 살고 있었다. 갑자기 머릿속이 혼란스러웠다.

'지금까지 내가 진정 원하던 꿈이 이런 삶이었나?'

고등학생 때는 수능이 인생의 전부일 것만 같았고 대학생이 됐을 때는 열심히 노력하여 좋은 직장에 들어가는 것이 인생의 꿈이자 목표였다. 지금까지 나는 그렇게 사는 것이 옳은 일이라고 생각해 왔다. 하지만 내 생각이 틀린 것 같았다. 생각해 보니 항상 남들이 정해 놓은 틀에 맞춰 사회나 타인이 나에게 기대하는 것들을 위해 살아온 것 같다는 생각이 들었다. 나에게 꿈이라는 존재는 그저 인생에서 이뤄야 할 하나의 과업이 되어 있었다.

'내가 진정으로 원하고 하고 싶은 꿈이 어떤 게 있을까?'

곰곰이 나의 내면으로부터 들려오는 목소리에 귀를 기울였다. 그러자 비로소 하나 둘 잊고 있었던 꿈들이 떠오르기 시작했다. 그중에서 가장 먼저 떠오른 것이 바로 사하라 사막 마라톤이었다.

사하라 사막 마라톤을 알게 된 것은 몇 년 전 우연히 접하게 된 책에서였다. 책에 실려 있는 사진 한 장에는 크기를 짐작할 수 없을 만큼 광활한 사하라 사막이 펼쳐져 있었다. 그리고 그 한가운데에서 사람들이 무엇인가를 향해 미친 듯이 달리고 있었다. 그 사진을 처음 본 순간 나는 가슴이 빠르게 뛰고 있음을 느꼈다. 나도 언젠가는 사진 속의 사람들처럼 사하라 사막을 멋지게 달려 보고 싶다는 생각이 들었다. 하지만 그때는 '나도 살면서 한 번쯤은 사막 마라톤에 도전해 봐야지.'라는 막연한 생각만 가졌을 뿐이었다. 돌이켜보면 대학생활 때는 많은 꿈을 꾸며 치열하게 시간을 보내 왔었다. 하지만 그때의 많은 꿈들을 까맣게 잊고 지금까지 바쁘게 살아왔다. 문득, 조용히 눈을 감고 광활한 사하라 사막을 달리고 있는 내 모습을 상상했다. 그러자 지금까지 잊고 지내던 꿈에 대한 두근거림이 느껴지기 시작했다. 그 두근거림은 한동안 내 삶에서 느껴 보지 못했던 감정이었다. 가슴속 깊은 곳에서 뜨거운 열정이 솟구치는 게 느껴졌다. 누군가 말하지 않았는가, 꿈이 없는 삶은 죽은 것과 같다고.

대학생 시절, 4년간 3개의 대학생 봉사단과 교내 봉사동아리에서 활동하며 나눔의 가치를 여러 번 경험했던 나였기에, 시간이 없다는 핑계로 소홀해진 나눔과 봉사에 대해서도 다시 한 번 더 생각하게 되었다. 또한 광활한 사하라 사막을 달리는 사막 마라톤은 오랜 시간 꿈꿔 온 꿈들 중 하나였다. 사하라 사막 마라톤은 매년 40개국 이상의 나라에서 백여 명이 참여하는 국제적인 대회였다. 문득 '그 정도 규모의 마라톤 대회에 참가하게 된다면 기부, 나눔에 대한 관심을 이끌어 내기에 충분하지 않을까?'라는 생각을 하게 됐다. 그래서 내가 이루고자 했던 꿈인 사하라 사막 마라톤과 불우한 이웃들을 위한 크라우드 펀딩을 연계하여 프로젝트를 기획하기로 결심했다. 머릿속으로 생각만 해서는 아무것도 달라지지 않는다는 것을 알기에 본격적으로 관련 정보들을 찾고 현실성이 있는지에 대해 알아보기 시작했다.

사하라 사막 마라톤은 어드벤처레이스 회사인 Racing The Planet에서 개최하는 4대 사막 마라톤(4 Deserts) 가운데 하나이다. 세계 4대 사막 마라톤에는 중국의 고비사막, 칠레의 아타카마 사막, 남극 그리고 나미비아에서 개최되는 사하라 사막 마라톤이 있다. 참가자는 6박 7일 동안 필수 장비만을 가지고 외부의 도움 없이 250km의 나미비아의 광활한 사막을 달려야 한다. 총 250km의 구간 중 이틀 동안 80km를 쉬지 않고 달리는 구간과 정규 마라톤 풀코스인 42.195km를 달리는 구간은 매해 포함된다. 경기에 필요한 모든 장비(7일치 식량, 의류, 침낭, 의약품 등)는 참가자 각자가 준비하여 배낭에 짊어지고 달려야 하는 서바이벌 마라톤이다. 매일 필요한 양의 물과 몸을 누일 수 있는 최소한의 숙박용 텐트만이 참가 선수에게 제공된다. 대회 코스는 일정 간격으로 모래 위에 작은 깃발을 꽂아 표시한다. 하지만 광활한 사막에서 길을 잃을 것을 대비하여 나침반과 호루라기, 응급 보온포 등이 필수 장비로 지정되어 있다.

참가자들이 6박 7일간 메고 달려야 하는 배낭의 평균 무게는 10~15kg에 달한다. 더군다나 평균기온이 40도에 달하는 사막에서의 마라톤은 체력적으로나 정신적으로나 스스로를 극한의 상황까지 몰고 갈 것이다. 경험해 보지 않는 이상 얼마나 힘들고 괴로울지에 대해 감히 상상조차 할 수 없었다. 이상하게 들릴 수도 있지만 살면서 한 번쯤은 그런 극한의 상황에 내 자신을 던져 보고 싶었다. 누가 보면 고통을 즐기는 이상한 사람이라고 생각할 수도 있을 것이다. 하지만 평범한 일상의 내가 아닌 극한의 상황에서의 나를 만나 보고 싶었다. 아마 지금까지 살면서 단 한 번도 만나지 못했던 또 다른 나를 그곳에 가면 만날 수 있지 않을까?

사막 마라톤과 함께 진행할 예정인 크라우드 펀딩은 나에게 너무나 생소한 것이었다. '크라우드 펀딩'에 대해 잘 알고 있는 사람도 있겠지만 아마 그렇지 않은 경우가 더 많을 것이다. 크라우드 펀딩이란 말 그대로 군중(Crowd)으로부터 자금을 조달(Funding) 받는다는 뜻이다. 자금이 필요한 개인 및 단체가 웹 네트워크를 통해 불특정 다수의 대중으로부터 자금을 모으는 것을 말한다. 크라우드 펀딩을 개설하기 위해서는 생각보다 알아보고 준비해야 할 것들이 많아 보였다. 하지만 인터넷을 통해 불특정 다수에게 나의 이야기를 전달하고 모금을 진행하기에는 크라우드 펀딩만큼 좋은 것이 없었다.

크라우드 펀딩으로 모금을 한다면 어떤 이들에게 도움을 주면 좋을지에 대해서도 생각해 봤다. 사실 얼마나 모일지는 아직 알 수 없지만 모금된 금액이 조금이라도 값진 곳에 쓰였으면 좋겠다는 생각을 했다. 개인적으로 병원에서 근무하며 바라본 환자들 중 가장 마음이 아린 환자들은 소아암 환우들이었다. 소아암은 소아에게 발생한 악성 종양을 부르는 말로 보통 병세의 진행이 빨라 발견 즉시 수술 혹은 화학요법,

방사선 치료 등을 해야 하는 질병이다. 아프다는 것은 남녀노소를 불문하고 누구에게나 불행한 일임에 틀림없다. 하지만 세상을 제대로 경험해 보지 못한 아이들이 살아온 날들의 대부분을 병원에서 보내며 힘들게 투병하는 모습은 나에게 너무나 가슴 아픈 일이었다. 끊임없이 꿈꾸고 환하게 미소 지어야 할 나이에 병마와 싸우는 아이들을 보며 꼭 그들의 꿈과 환한 미소를 지켜 주고 싶다는 생각이 들었다. 그래서 소아암을 앓고 있는 환우들 중 가정 형편이 좋지 않아 금전적 어려움을 겪고 있는 환우에게 이번 모금을 통해 모인 금액을 기부하기로 결심했다.

내가 몰랐던 것들을 알아가는 과정은 언제나 즐겁다. 그것이 내가 진정으로 이루고자 하는 꿈에 대한 것이라면 그러한 즐거움은 배가 된다. 무엇인가를 꿈꿀 수 있다는 것 자체만으로도 하루살이처럼 살던 나에게는 신선한 자극이자 큰 기쁨이 되었다. 더욱이 꿈꿔 왔던 일들을 조금씩 현실화시킬 수 있을 것이라는 기대 자체가 나에게는 말로 표현할 수 없을 만큼 두근거리는 설렘과 즐거움으로 다가왔다. 아직 어떤 것도 정확히 정해진 것이 없었지만 무료한 일상의 매너리즘에 빠져 있던 나의 일상에 뜨거운 불을 지펴주기에는 충분했다.

사하라 사막으로 가겠습니다

'과연 내가 병원을 그만두지 않고 사하라 사막 마라톤에 나갈 수 있을까?'

사막 마라톤에 나가기로 결심하고 나서 가장 처음 머릿속을 맴도는 생각이었다. 대회에 참가하기 위해 필요한 기간을 생각해 보면 왜 이런 생각이 드는지 알 수 있다. 우선 사하라 사막 마라톤은 250km의 구간을 6박 7일 동안 달리는 경기이기 때문에 순수한 경기 기간만 일주일이 필요하다. 그리고 대회 개최지인 아프리카 나미비아까지는 2번의 환승과 3번의 비행으로 이동 시간만 하루가 필요하다. 왕복으로 하면

2일이 된다. 또한 예기치 못한 변수와 시차 등의 컨디션 조절을 위해 2일 정도 일찍 개최지에 도착해야 한다. 마지막으로 경기 후의 일정과 귀국 전 최소한의 휴식을 위해 3일이 필요하다. 이 모든 것들을 계산해 보면 약 2주의 휴가가 필요하다는 결론에 이르게 된다. 물론 2주라는 시간은 사하라 사막 마라톤 출전을 위한 정말 최소한의 기간이다.

직장에서 일을 해 본 사람이라면 아마 굳이 말하지 않아도 잘 알 것이다. 일을 하며 2주를 휴가로 받는 것이 얼마나 힘들고 어려운 일인지를 말이다. 물론 어떤 일을 하고 있는지에 따라 다를 수 있겠지만 보통은 신혼여행을 위한 휴가도 2주가 채 되지 않는 것이 일반적이다. 우리나라의 휴가 문화를 생각해 본다면 2주라는 기간을 휴가로 받는 일이 얼마나 어려운 것인지 조금 더 이해하기 쉬울 것이다. 사막 마라톤에 나가기 위해 내가 신혼여행을 간다고 할 수도 없는 노릇이었다. 대회 참가를 위한 휴가를 받는 것은 사막 마라톤에 출전하기로 결심하는 동시에 마주하게 된 너무나 큰 현실적인 장벽이었다. 아무리 대회에 나가려고 굳은 마음을 먹어도 참가할 시간이 없다면 불가능한 일이 되어 버린다. 그렇다고 잘 다니고 있는 직장을 그만두고 가는 것은 커다란 부담이 아닐 수 없었다. '시작도 못해 보고 이렇게 끝나 버리는 게 아닐까?' 하는 불안한 생각이 들었다.

'역시 내가 진정 원하는 꿈은 마음속에 품어 둘 수밖에 없는 것일까?'

일단 주변 사람들의 현실적인 조언을 들어 보기로 했다. 주변의 지인들에게 사막 마라톤과 소아암 기부 프로젝트에 대한 내 계획을 이야기하고 그들의 생각을 들어 봤다. 그들로부터 돌아온 대답은 생각보다 더욱 부정적이고 참담했다.

"현실적으로 2주라는 긴 오프를 받을 수 있겠어?"

"왜 네 시간과 돈까지 들여 가며 거기까지 사서 고생을 하러 가?"

"직장을 그만두지 않으면 이루기 힘든 허무맹랑한 꿈같은 이야기처럼 들린다."

이처럼, 주변에서 들려오는 소리는 대부분 이런 부정적인 의견뿐이었다. 그런데 이상하게 불가능할 것 같다는 주변의 이야기를 들을수록 오히려 오기가 생기고 더 할 수 있을 것만 같은 생각이 들었다. 지금 생각해 보면 그때 당시에 어디서 그렇게 근거도 없는 자신감이 생겨난 것인지 모르겠다. 살아가면서 가끔은 주변 사람들이 하는 이야기에 휩쓸리지 않고 내 주관에 따라 용기 있는 선택을 해야 할 때가 있다. 나에게 지금이 바로 그 순간이었다.

"이봐, 해 보긴 해 봤어?"

현대그룹의 창업자인 고 정주영 회장이 했던 유명한 말이다. 이 짧은 한마디에 내포되어 있는 의미는 지금 상황의 나에게 매우 강렬하게 다가왔다. 많은 사람들은 어떠한 일을 할 때 시도해 보기도 전에 덜컥 겁을 먹거나 지레 안 된다고 스스로 단정지어 버리곤 한다. 어떤 일이든 본인 스스로가 한계를 정해 버리는 순간 실제로 그 한계에서 벗어나지 못하게 된다. 어쩌면 나에게 조언해 주었던 지인들의 말처럼 지금 내가 하려고 하는 일이 불가능한 것일지도 모른다. 하지만 결과가 어떻게 되든 일단 부딪쳐 보고 싶었다. 부딪쳐서 깨지는 한이 있더라도 꿈을 위해 도전해 보고 싶었다. 그래야 스스로에게 후회가 남지 않는다는 것을 나는 잘 알고 있었다.

어떻게 하면 수간호사 선생님을 납득시켜 사막 마라톤 출전을 위한 휴가를 받을 수 있을까? 마음 같아서는 당장 수간호사 선생님을 찾아가서 "저에게 꿈이 생겼어요. 사막 마라톤에 나가고 싶으니 2주만 휴가를 주세요."라고 말하고 싶었다. 하지만 이렇게 막무가내로 생각 없이 찾아간다면 승산이 없을 게 불 보듯 뻔했다. 부딪칠 때도 어느 방향으로 어떻게 부딪치는 지가 중요했다. 사막 마라톤에 도전하기로 결심하고 일주일 동안 내 머릿속에는 온통 사막 마라톤에 출전하기 위한 휴가 생각밖에 없었다. 기나긴 생각 끝에 도달한 결론은 바로 내가 하고자 하는 사막 마라톤과 소아암 환우들을 위한 기부 프로젝트에 대한 제안서를 쓰는 것이었다. 내가 사하라 사막 마라톤에 나가고 싶은 이유, 나가고자 하는 사막 마라톤에 대한 정보, 그리고 소아암 환우들을 위한 기부 크라우드 펀딩에 대한 구체적인 계획 등을 제안서로 작성하기로 결심했다.

그렇게 며칠 밤낮을 고민하며 무엇인가에 홀린 듯 제안서를 채워 나갔다. 어떠한 형식도, 두서도 없이 써 내려간 나의 제안서는 어느덧 그럴싸한 모양새를 갖추기 시작했다. A4용지 15장 분량의 제안서에 소중한 꿈을 정성스럽게 꽉꽉 눌러 담았다. 그렇게 내 인생의 첫 제안서가 탄생했다. 바로 프로젝트 명 '사하라 사막에 피는 꽃'이었다. 사하라 사막 같은 황량하고 척박한 장소에서 억세게 피어나는 한 송이 꽃처럼 나의 꿈도, 소아암 환우들의 꿈도 모진 모래바람을 견디며 만개하기를 바라는 마음에서 이 프로젝트 명을 지었다. 이번 프로젝트를 통해 나는 사하라 사막 마라톤이라는 나의 잊고 있었던 꿈을 실현하고 경제적으로 어려운 소아암 환우들에게 꿈과 희망을 가져다주고 싶었다. 또한 나처럼 먹고 사는 것에 바빠 본인이 진정으로 원하는 꿈을 잊고 사막과 같은 삶을 살아가는 많은 사람들에게 긍정적인 자극이 되었으면 했다.

사하라 사막에서는 과연 아름다운 꽃들이 피어날 수 있을까?

드디어 결전의 날이 밝았다. 며칠 밤낮 동안 고생해서 완성한 제안서를 들고 떨리는 마음으로 수간호사 선생님을 찾아갔다. 똑똑똑, 방문을 두드린 후 개선장군이라도 된 듯한 모습으로 비장하게 수간호사 선생님 자리로 걸어 들어갔다. 숨소리도 죽인 채 수간호사 선생님에게 다가가 A4 15장 분량의 종이 뭉치를 일급기밀문서라도 되는 것처럼 슬며시 건넸다. 종이 뭉치 첫 장에는 '제안서'라는 글씨가 대문짝만하게 적혀 있었다. 정체불명의 제안서 종이 뭉치를 받아 든 수간호사 선생님은 당황한 기색이 역력했다. 이제 일을 시작한지 1년도 안 된 갓 신규 티를 벗은 내가 당돌하게 장기 오프를 받기 위한 제안서를 준비해 갔으니 당연히 그럴 만도 했다. 아마 수 선생님도 오랜 병원 생활을 하며 갖은 풍파를 겪으셨겠지만 이런 경우는 분명 처음이었으리라.

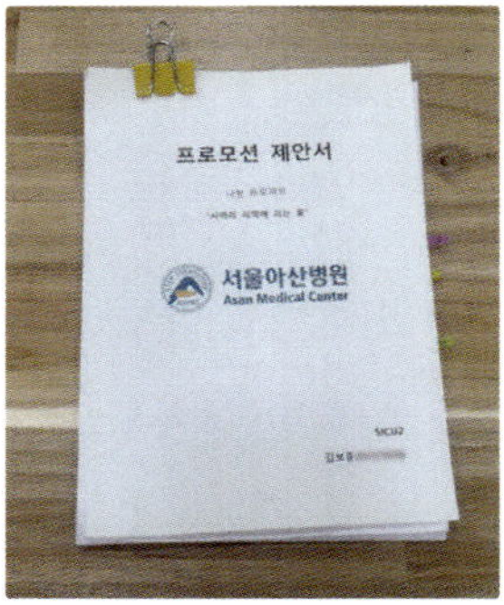

나도 사실 내가 이렇게까지 할 수 있을 거라고는 생각하지 못했다. 수간호사 선생님이 상황을 파악하고 제안서를 확인하는 동안 이어진 얼마간의 침묵이 나에게는 끝나지 않을 것만 같은 억겁의 시간처럼 느껴졌다. 이제 결과가 어떻게 되든 활시위는 당겨졌다. 찬찬히 제안서를 읽어 보신 수간호사 선생님은 나를 보시더니 씩 미소를 지어 주셨다.

이렇게 긴 휴가의 경우는 조금 더 병원 차원에서 회의를 해 봐야 하겠지만 다행히 사막 마라톤 출전을 위한 휴가를 받는 것이 가능할 것 같다는 긍정적인 피드백이 돌아왔다. 수간호사 선생님 앞이라 표현은 못했지만 그 대답을 들은 순간 내 마음속에서는 기쁨의 환호성이 울려 퍼지고 있었다. 이미 내 머릿속에서 나는 광활한 아프리카 사하라 사막을 달리고 있었다. 지난 일주일간 잠을 설치며 고민하고 고생했던 시간들이 결코 의미 없는 헛된 일이 아니었다. 주변에서 모두 다 안 된다고 말했을 때 나도 그들과 똑같이 생각했다면 아마 제안서를 작성하지도 못했을 것이고 당연히 대회 출전을 위한 휴가 또한 받지 못했을 것이다. 사람들은 누구나 살아가며 자신이 원하는 꿈에 대해 생각한다. 하지만 모두가 가슴 뛰는 꿈에 도전하고 그 꿈을 이룰 수 있는 것은 아니다. 꿈이 단순히 꿈에 그치지 않고 현실로 실현되기 위해서는 커다란 용기와 노력이 필요하다. 그때 나는 그 사실을 경험을 통해 배우고 있었다.

가을의 전설이 되다

사막 마라톤을 위한 오프를 약속 받은 다음 날 수간호사 선생님이 나에게 한 가지 질문을 했다.

"그런데 너 마라톤 해 본 적 있니?"

갑자기 가슴이 쿵 하고 내려앉는 듯한 느낌이 들었다. 그제야 생각해 보니 살면서 단 한 번도 마라톤을 해 본 경험이 없었다. 나는 말 그대로 마라톤에 '마' 자도 모르는 사람이었다. 지금까지 사막 마라톤을 위한 휴가를 받는 것에만 집중해 왔다. 정작 내가 250km의 기나긴 사막 마라톤 구간을 완주할 체력을 가지고 있는지에 대해서는 단 한 번도 진지하게 생각해 보지 않았던 것이다. 일단 침착하게 마음을 가다듬고 수간호사 선생님의 질문에 대답했다.

"해 본 적은 없지만 열심히 준비하면 완주할 수 있습니다."

대답은 자신 있게 내뱉었지만 조금씩 걱정되기 시작했다. 기억을 더듬어 내가 마지막으로 제대로 뛰어 본 게 언제였는지를 생각해 봤다. 5년 전 군생활의 마지막 날, 전역하기 전 군가를 부르며 연병장을 뛰었던 게 내가 달렸던 마지막 기억이었다. 생각해 보니 조금은 충격적이었다. '250m도 아닌 250km를 과연 끝까지 완주할 수 있을까?' 사실 250km라는 거리는 나에게도 전혀 감이 오지 않는 거리였다. 조금 이해하기 쉽게 생각해 보면 서울에서 강원도 강릉까지 충분히 가고도 남는 거리였다. 갑자기 내가 저지른 일들에 대한 실감이 나기 시작했다. 휴가라는 산을 하나 넘으니 체력이라는 또 다른 커다란 산이 나를 기다리고 있었다.

사하라 사막 마라톤에 나간다고 주변에 이야기하면 가장 먼저 돌아오는 대답은,

"진짜 체력이 좋은가 보네. 그러면 마라톤 풀코스도 뛰어 봤어?"

였다. 물론 그 질문에 나는 자신 있게 답변할 수 없었다. 앞서 말한 것처럼 나는 살아생전 마라톤이라는 것을 한 번도 해 본 적이 없었기 때문

이었다. 그렇다고 멍하니 넋 놓고 앉아 있을 수는 없었다.

가장 먼저 내가 생각한 것은 목표를 설정하는 것이었다. 천리 길도 한 걸음부터라고 했던가. 우선 250km의 마라톤을 대비해 마라톤 풀코스(42.195km)라는 작은 목표를 설정하고 준비하기로 했다. 당장 인터넷을 켜고 가장 가까운 시일에 열리는 마라톤 풀코스 대회를 검색했다. 앞으로 한 달 후에 개최되는 춘천국제마라톤 대회의 풀코스가 눈에 띄었고 나는 '가을의 전설'이라고 불리는 춘천국제마라톤에 참가 등록을 했다.

체력은 책상에 앉아 걱정하고 고민만 해서는 답이 나오는 문제가 아니었다. 마라톤 풀코스를 목표로 설정한 당일, 나는 바로 신발장 구석에 박아 둔 운동화를 꺼내 신고 운동화 끈을 단단히 조여 맸다. 그리고 병원 앞 한강을 달리기 시작했다. 하루 종일 병원 일에 치여 온몸이 피곤했지만 한강을 달리며 느껴지는 선선한 바람이 생각보다 나쁘지 않았다. 오랜만에 몸을 움직여서 그런지 금방 숨이 차오르기 시작했다. 심박동수가 점점 빨라지는 것이 느껴졌다. 이렇게 하염없이 달리다 보면 어느 순간 광활한 사하라 사막 한가운데에 도착할 것만 같았다. 눈을 감고 사하라 사막을 달리고 있는 내 모습을 상상했다. 심장이 빨리 뛰는 이유는 오랜만에 달려서만은 아니었다. 직접 몸을 움직여 달리다 보니 신기하게 머리로만 걱정할 때 느껴지던 불안감들이 조금씩 사라졌다. 비록 지금의 이 한 걸음은 미약하겠지만 끝은 창대하리라.

어느날 근무 후 한강변을 달리다 바라본 풍경

그날부터 나는 근무 전, 후 그리고 쉬는 날에도 틈틈이 한강을 달렸다. 중환자실에서 3교대로 일하며 꾸준하게 운동을 하는 일은 결코 쉬운 일이 아니었다. 일반적인 상근으로 출퇴근을 하며 일정한 시간에 운동하는 것과는 비교할 수 없이 힘들게 느껴졌다. 규칙 속에서 규칙을 만드는 것은 쉽지만 불규칙 속에서 규칙을 만드는 일은 여간 어려운 일이 아니었다. 그래서 3교대보다 규칙적인 생활이 가능한 야간 근무 전담 간호사를 신청했다. 밤에 일한다는 부담감이 있었지만 3교대보다 휴일도 많아 여러 가지 면에서 장점이 많았다. 야간 근무 전담은 사막 마라톤을 위해서는 나에게 나쁘지 않은 선택이었다. 그렇게 나는 낮에는 달리고 밤에는 일하는 생활을 계속 이어 나갈 수 있었다. 직장 일을 하며 새로운 무엇인가를 병행해 나간다는 것은 커다란 노력을 필요로 했다. 특히 그것이 몸을 움직이는 운동이라면 더욱더 그랬다. 하지만 나에게는 사막 마라톤이라는 꿈이 있었기에 나약해지지 않을 수 있었다. 아무리 포기하고 싶을 만큼 힘들어도 사막을 달리는 내 모습을 상상하면 또다시 달릴 힘이 솟아났다. 꿈이란 그 자체만으로도 삶에 커다란 활력소가 되는 것이었다. 꿈을 위한 도전을 해 보기 전까지 나는 이 사실을 알지 못했었다.

춘천국제마라톤 대회 날이 하루 전으로 다가왔다. 매일같이 한강을 달렸다지만 풀코스를 위해 준비한 기간은 채 한 달이 되지 않았다. 평소 마라톤을 전혀 하지 않았던 나에게는 너무나 부족한 연습량이었다. 하지만 언제나처럼 일단 부딪쳐 보기로 했다. '뛸 수 없다면 걸어서라도 완주하면 되는 것 아니겠는가?' 풀코스는 아침 일찍 대회가 시작하기 때문에 대회 전날 밤 춘천에 도착해 개최지 근처 숙소에서 하루를 묵기로 했다. 대회 전날 나이트 근무를 마치고 짐을 챙겨 춘천행 기차에 몸을 실었다. 숙소에 도착해 내일 대회를 위한 물품들과 옷가지를 머리맡에 놓아두고 몸을 뉘었다. 잠들기 전 설렘과 두려움, 걱정 등 여러 가지 감정이 뒤섞여 자꾸 머릿속을 맴돌았다. 마치 처음 병원에 합격하고 중환자실로 발령 받았던 첫 출근 전날 밤과 비슷한 기분이었다.

눈을 감고 스스로에게 주문을 걸었다. '할 수 있다... 할 수 있다... 그래, 할 수 있다 믿으면 할 수 있다....'

대망의 풀코스 대회 날이 밝았다. 아침에 일어나 로비에 나와 보니 전국 각지에서 이번 마라톤을 위해 모여든 많은 참가자들로 로비가 북새통을 이뤘다. 숙소에서 대회장까지는 차로 이동해야 할 만큼 거리가 떨어져 있었다. 로비에서 대회 복장을 하고 혼자 아침을 먹던 나를 눈여겨 본 아저씨 한 분이 먼저 말을 걸어왔다.

"풀코스 나가시나 봐요?"

몇 마디 대화를 나눠 보니 아저씨는 직장을 다니며 주말마다 마라톤을 취미로 즐기신다고 했다. 아직 대회장까지 가는 차편을 구하지 못했다고 말하니 꼭두새벽부터 내가 혼자 대회장으로 이동할 것이 안쓰러워 보이셨는지 나를 흔쾌히 대회장까지 태워주겠다고 했다. 친절하고 정이 넘치는 아저씨를 만난 덕분에 편하게 대회장까지 이동할 수 있었다.

차를 타고 이동하는 동안 아저씨와 많은 이야기를 나누게 되었다. 마라톤은 보통 30대에서 50대가 주 연령층인데 얼핏 보기에도 어려 보이는 내가 마라톤에, 그것도 풀코스에 참가한다고 하니 많은 관심을 보이셨다. 사실 마라톤 대회는 처음 참가하는 것이고 풀코스 또한 이번이

처음라고 말하니 운전을 하다 말고 나를 보는 눈이 휘둥그레지셨다. 춘천국제마라톤 풀코스는 경사 구간이 많아 마라톤 초보가 도전하기에는 다소 어려운 코스라고 했다. 더군다나 마라톤 경험이 없는 사람에게는 더욱이 힘들 수 있다고. 갑작스러운 내 고백에 아저씨의 눈빛이 걱정으로 가득해지셨다. 처음 풀코스를 참가하면 굉장히 힘들고 아마 완주를 못하고 중도에 포기를 할 수도 있을 거라는 이야기를 해 주셨다. 마라톤 중간에 혹시나 몸에 이상이 있거나 너무 힘들면 무리해서 달리지 말고 포기하라는 조언도 주셨다. 마지막으로 걱정이 되셨는지 여러 가지 마라톤 팁을 알려 주셨고 대회장에 도착 후 감사의 인사를 나누고 아저씨와는 헤어졌다. 나는 이상하게도 아저씨의 조언을 듣고 걱정이 앞서기보다는 내가 넘어야 할 커다란 산이 앞에 있다는 사실에 오히려 더 가슴이 두근거리기 시작했다. 아마 전날 밤 근무로 잠이 많이 부족해 제정신이 아니었던 모양이다.

풀코스 참가자들의 출발을 알리는 총포가 울려 퍼졌다. 42.195km의 대장정이 드디어 시작된 것이다. 내 인생 첫 마라톤 대회의 첫발을 내딛는 역사적인 순간이었다.

춘천의 청명한 아침 공기를 마시며 달리는 것은 굉장히 상쾌했다. 달리면서 눈 앞에 펼쳐지는 춘천의 가을 풍경도 너무나 아름다웠다. 한 걸음 한 걸음이 가볍게 느껴졌다. 이대로 쭉 쉬지 않고 42.195km를 달려 금방이라도 골인 지점까지 완주할 수 있을 것만 같았다. 그때는

정말 그랬다. 20km 지점을 지나기 전까지는 말이다.

풀코스의 절반 지점을 통과했을 때부터 1초에 100번씩 달리는 것을 멈추고 싶은 마음이 들었다. 깃털처럼 가벼웠던 발걸음은 점점 무거워지더니 한 걸음을 내딛기 힘들 정도로 무거워졌다. 누군가 내 다리를 잡아당기고 있는 게 틀림없었다. '지금 멈춰도 괜찮아.' 마음속 악마의 달콤한 속삭임이 끊임없이 들려왔다. 마음 같아서는 지금 당장 발걸음을 멈춰 그 자리에 대자로 드러누워 버리고 싶었다. 하지만 나는 출발 직전 스스로와 한 가지 약속을 했다. 비록 걷게 되더라도 절대 발걸음을 멈추지 말자고. 30km 지점부터는 이미 체력적으로 바닥을 보이기 시작했다. 마음은 우사인볼트처럼 달리고 싶었지만 현실은 걷는 것과 별반 다를 게 없는 속도로 달리고 있었다. 정확히는 조금 빠르게 걷고 있었다. 하지만 결코 멈추지는 않았다. 스스로와의 약속을 지키고 싶었다. 40km 지점부터는 정말 젖 먹던 힘까지 쥐어짜야 했다. 이제 정말 결승선이 얼마 남지 않았다. 하지만 금방 나타날 것 같았던 골인 지점이 보이기까지는 많은 시간이 걸렸다. 누군가 2km 남짓 되는 거리를 길게 늘려 놓은 것만 같았다.

드디어! 저 멀리서부터 사람들의 환호성이 들려오기 시작했다. 골인 지점이 보이기 시작했을 때부터는 초인적인 힘을 쥐어짜 내어 달리기 시작했고 마침내 많은 사람들의 환호성과 축하를 받으며 결승선을 통과했다. 끝까지 포기하지 않고 결국 풀코스를 완주해 낸 것이다. 그리고 나와의 약속을 지켰다. 그 순간 나에게 기록은 중요하지 않았다. 내가 마라톤 풀코스를 완주했다는 사실 그 자체가 나에게는 큰 의미였다. 마라톤에 '마' 자도 모르던 내가 풀코스를 완주해 냈다. 그것은 나에게 커다란 희망과 자신감을 안겨 주었다. 250km의 사막 마라톤도 이제 더 이상 나에게는 불가능한 꿈이 아니었다.

700만 원이 필요하다고?!

일반적으로 주변 사람들에게 사막 마라톤에 도전한다고 말하면 그것이 얼마나 힘든지에 대해서만 관심을 가진다. 사막 마라톤에 참가하기 위해 필요한 비용에 대해 관심을 가지는 사람들은 많지 않다. 나 또한 사막 마라톤에 도전하기로 결심하기 전까지는 그랬다.

사하라 사막 마라톤은 참가비만 미화 3,700달러다(2017년 기준). 한화로 계산해 보면 400만 원이 훌쩍 넘는 돈이다. 단순히 마라톤을 위해 사막을 달리기만 하는데 왜 이렇게 많은 비용이 필요한지에 대해 의아해할 수도 있을 것이다. 하지만 대회를 위한 현지 코스 답사, 안전요

원 및 의료진, 경기 전과 후 제공되는 숙박비, 현지 교통비 등 일주일간의 대회 운영에 필요한 많은 부대비용을 생각한다면 조금은 이해가 되는 금액이다.

처음 사막 마라톤의 참가비를 알아보고 그래도 이 정도면 내 꿈을 위해서 충분히 투자할 수 있겠다는 생각을 했다. 하지만 대회 참가비를 마련했다고 해서 다 끝난 것이 아니었다. 3,700달러의 참가비는 말 그대로 경기에 참가하기 위해서 필요한 최소한의 참가비였다. 그 속에는 항공료 같은 기타 비용이 전혀 포함되어 있지 않다. 사하라 사막 마라톤은 아프리카 나미비아에서 개최되는 대회다. 그렇기 때문에 한국에서 아프리카 나미비아까지의 왕복 항공권 구매를 위해 약 150만 원의 교통비가 추가로 필요했다.

여기서 '이젠 정말 끝났겠지.'라고 생각한다면 큰 오산이다. 사하라 사막 마라톤은 서바이벌 자급자족 레이스로 6박 7일 동안 필요한 모든 장비(7일치 식량, 의류, 침낭, 의약품 등)를 선수 각자가 준비하여 배낭에 짊어지고 달려야 한다. 여기 포함되는 필수 장비 품목은 무려 30가지 이상이다. 신발, 의류 등과 같은 장비들은 경기 중 컨디션과 직접적으로 연관되기 때문에 좀 더 가볍고 기능이 좋은 것들을 찾다 보면 가격이 한없이 올라가게 된다. 이러한 준비 물품을 모두 구매하는 데 필요한 비용이 대략적으로 약 100만 원이다. 그리고 비자 발급 비용, 현지 체류비 등 기타 금액으로 약 50만 원이 든다. 지금까지 언급된 비용을 모두 더하면 사하라 사막 마라톤에 참가하기 위해 필요한 비용의 총합계는 무려 700만 원이라는 결론이 된다. 물론 대략적으로 계산된 비용이기 때문에 개인별 상황에 따라 어느 정도의 차이는 있을 수 있지만 이 범위에서 크게 달라지진 않는다.

고작 일주일간의 마라톤 대회 하나를 참가하기 위해 필요한 비용이 700만 원이라니. 사막 마라톤에 참가하는 데 필요한 총 경비를 알아보고 나서 적지 않은 충격을 받았다. 생각했던 것 이상으로 많은 비용이 필요했던 것이다. 사막 마라톤에 출전하기로 결심했을 때는 단순히 달리고자 하는 의지만 있으면 쉽게 대회에 참가할 수 있을 것만 같았다. 하지만 그것은 나의 큰 착각이었다. 사막으로 향하는 여정에는 생각보다 많은 장애물과 난관들이 나를 기다리고 있었다. 700만 원에 달하는 참가비 마련은 사막을 가기 위해 넘어야 할 또 하나의 산이었다.

하지만 오랜 기간 가슴에 품었던 꿈인 만큼 기꺼이 700만 원을 지출하리라 마음먹었다. 생각해 보니 직장에서 일하기 시작하고 처음으로 온연히 나를 위해 사용하는 큰돈이었다.

'뼈 빠지게 돈을 벌어서 이럴 때 쓰지 않으면 언제 쓰겠는가?'

나는 돈을 버는 것도 중요하지만 벌어 둔 돈을 어디에 어떻게 쓰는지가 더 중요하다고 생각한다. 누군가는 분명 쓸데없는 곳에 큰돈을 쓴다고 생각할 수도 있을 것이다. 하지만 나에게는 분명 700만 원 그 이상의 가치를 가진 소중한 꿈에 대한 현명한 소비였다. 그러나 여전히 적지 않은 액수였기에 금전적으로 크게 부담이 되는 것은 사실이었다. 그래서 부담을 덜 수 있는 방법을 고민하다 생각한 것이 바로 후원이었다. 불가능해 보였던 2주간의 휴가를 받아냈을 때처럼 이번에는 프로젝트 후원 제안서를 만들었다. 장기 오프를 받았을 때와 마찬가지로 후원 제안서에도 나의 꿈과 소아암 환우들을 위한 기부 프로젝트에 대한 내용과 계획을 담았다. 그리고 크고 작은 기업과 단체에 이메일을 통해 후원 제안서를 보냈다. 내가 졸업한 모교인 호남대학교와 대한간호협회에도 준비한 후원 제안서를 보냈다. 큰 기대는 안 했지만 내심 긍정적인 피드백이 돌아왔으면 좋겠다는 생각이 드는 것은 어쩔 수 없었다. 하지만 눈앞의 현실은 항상 이상과는 다른 법이다. 후원 제안서를 보낸 대부분의 기업과 단체에서는 답장조차 오지 않았다. 그래도 몇몇 곳들에서는 답장이 왔는데 그마저 금전적 후원은 힘들다는 부정적인 이야기뿐이었다.

'괜찮아. 어차피 후원을 받지 못하더라도 사막 마라톤에는 나갈 수 있으니까.'

라고 스스로를 위로했다.

시간이 흘러 후원에 대해 반쯤 포기하고 잊고 지낼 무렵 모교인 호남대학교로부터 한 통의 전화가 걸려 왔다. 학교 측에서 후원 제안서를 검토했는데 다행히 내가 하고자 하는 기부 마라톤을 좋게 봐주셨고 후원에 대해 긍정적으로 이야기 중이라는 내용이었다. 그리고 며칠 후 학과장님의 연락을 받고 오프 날 모교를 방문하게 되었다. 서울에서 모교가 있는 광주까지 가는 시간이 두근거림으로 한없이 짧게 느껴졌다. 학교에 도착하니 학교를 다닐 때에도 한 번도 만나지 못했던 총장님과 학과장님, 동창회장님 등 많은 분들이 나를 기다리고 있었다. 그곳에 있는 모두가 사막 마라톤이라는 도전과 소아암 환우들을 위한 기부 프로젝트에 대해 많은 격려와 응원을 해 주셨다. 그리고 기부 프로젝트를 위한 300만 원의 후원금을 받을 수 있었다. 갑작스런 요청에도 이렇게 많은 관심과 후원을 아끼지 않은 호남대학교, 간호학과, 총동창회, 랄랄라 스쿨에 다시 한 번 이 자리를 빌려 감사의 말을 전하고 싶다.

연이어 대한간호협회에서도 기쁜 소식을 전해 왔다. 소아암 환우들을 위한 기부 마라톤에 대한 이야기를 전해 들은 대한간호협회 김옥수 회장님께서 직접 협회로 나를 초대해 주신 것이다. '내가 말로만 듣던 대한간호협회 본사를 초대 받아 가게 될 줄이야.' 김옥수 회장님은 자신의 꿈과 나눔을 실천하기 위한 나의 프로젝트에 많은 관심을 가지고 격려의 말씀을 해 주셨다. 더불어 나의 도전으로 더 많은 나눔 정신이 실천되길 희망한다며 직접 격려금과 함께 간호사 휘장을 건네주시며 기부 마라톤을 응원해 주셨다. 간호사 휘장은 6박 7일간 함께 사막을 달리는 내 가방에 붙여질 것이다. 휘장을 통해 37만여 명의 간호사분들과 함께 사막을 달리게 된 셈이었다.

며칠 사이 일어난 일이라고는 믿기 힘들 정도로 빠르게 이 모든 일들이 일어났다. 풀리지 않을 것만 같이 어지럽게 꼬여 있는 매듭이 한순간에 풀려 버리는 것 같았다. 후원을 통해 경비에 대한 금전적인 부담을 많이 덜 수 있었다. 하지만 그보다 더 내게 중요한 것은 나의 프로젝트를 응원해 주시는 많은 분들이 있다는 사실이었다. 어떻게 보면 나 혼자서 시작한 작은 프로젝트임에도 불구하고 많은 분들이 관심을 가져 주시고 도움을 주셨다는 사실이 너무나 감사했다. 사막 마라톤을 준비하며 여러 가지 현실적인 난관들을 만나며 힘든 시기를 보내고 있었던 나에게는 가뭄의 단비 같이 더없이 기쁜 일이었다. 이번 후원을 계기로 한 번 더 힘을 얻고 기부 마라톤을 준비하는 데 박차를 가할 수 있게 되었다. 처음 프로젝트를 준비할 때는 혼자 시작했지만 이제는 더 이상 혼자만의 프로젝트가 아니었다. 나는 많은 분들의 응원과 격려를 통해 조금씩 더 내가 꿈꾸던 사막에 한 걸음씩 가까워지고 있었다.

사막을 달리는 간호사를 아시나요?

사하라 사막 마라톤을 준비하며 지금까지 크고 작은 장애물들에 봉착했었다. 대회 참가를 위한 2주간의 휴가를 받는 것부터 시작해 현실적인 체력문제, 그리고 참가 경비와 관련된 금전적인 문제까지. 쉽지 않은 여정이었지만 다행히 지금까지 마주한 장애물들을 한 가지씩 잘 해결해 나가며 차근차근 사막으로의 발걸음을 이어갈 수 있었다.

이제 나에게 주어진 마지막 과제는 바로 소아암 환우들을 위한 크라우드 펀딩을 준비하는 것이었다. 크라우드 펀딩은 나에게 굉장히 생소한 것이었다. 크라우드 펀딩에 대해서 얼핏 들어 본 적이 있긴 하지만 정확히 그것이 무엇이며, 개설하기 위해 어떻게 해야 하는 것인지 전혀 아는 것이 없었다. 우선 내게 필요한 것은 크라우드 펀딩에 대해 알아보고 공부하는 것이라고 생각했다. 그래서 크라우드 펀딩의 정의부터 시작해 하나하나 관련 글들을 찾아보며 소아암 환우들을 위한 기부 크라우드 펀딩을 준비하게 되었다.

마음만 먹으면 금방이라도 크라우드 펀딩을 시작할 수 있을 것 같았지만 실제로는 금전적인 거래 관계가 형성되는 부분인 만큼 준비 절차나 과정이 까다로웠다. 또한 크라우드 펀딩을 사람들에게 알리기 위한 홍보 영상 제작, 스토리 작성, 후원금액별 리워드 설정, 홍보 전략 등 생각하고 준비해야 할 것들이 한두 가지가 아니었다. 크라우드 펀딩을 오픈하기 위한 준비과정은 영상 편집, 리워드 구상 및 설정 등 간호사로 살면서 단 한 번도 경험해 보지 못한 생소하고 낯선 일들 투성이였다. 더군다나 일을 하며 혼자서 이 많은 것들을 준비하려니 몸이 열 개라도 부족할 정도였다. 펀딩을 위한 아이디어 단계에서 실제 크라우드 펀딩을 정식으로 오픈하기까지는 약 한 달이라는 기간이 걸렸다.

소아암 환우들을 위한 크라우드 펀딩의 최소 목표금액은 250만 원(1km당 1만 원)으로 설정했다. 이것은 250km를 달리는 사하라 사막 마라톤의 상징성을 담은 최소한의 목표금액이다. 그리고 크라우드 펀딩에 참가한 사람들에게 약소하지만 감사함을 표현하기 위해 후원금액에 따른 단계적 보상 시스템인 리워드를 설정했다. 리워드는 총 5가지로 많은 금액을 후원할수록 더 많은 리워드의 혜택을 받을 수 있도록 했다.

첫 번째 리워드는 후원자의 이름을 기부 후기 게시글에 기재해 주는 것이었다. 두 번째는 사막 마라톤을 하면서 경기 중 촬영한 생생한 사진으로 만든 엽서에 직접 손 편지를 써 드리는 것이었다. 세 번째는 영화 '러브 액츄얼리'에서 아이디어를 얻은 리워드로 스케치북에 쓸 원하는 문구를 알려 주면 사막을 배경으로 사진을 찍어 주는 리워드였다. 네 번째는 후원자의 이름을 작은 명찰로 만들어 6박 7일간 함께하는 가방에 달고 달리는 것이었다. 그리고 마지막 다섯 번째 리워드는는 경기가 끝나고 직접 찾아가 생생한 후기를 들려주겠다는 리워드를 준비했다.

크라우드 펀딩을 개설한 당일, 생각보다 빠른 속도로 후원금들이 모이기 시작했다. 이 속도로 간다면 금방 목표금액인 250만 원을 달성할 수 있을 것 같았다. 조금씩 후원금이 모이는 것을 보니 지금까지 고생한 시간들이 결코 헛되지 않았다는 생각이 들었다. 하지만 시간이 지날수록 펀딩의 속도는 현저하게 줄어들고 있었다. 이대로 가다간 펀딩 마감일까지 목표금액을 달성하지 못할 것만 같았다. 크라우드 펀딩은 개설만 한다고 해서 끝나는 것이 아니라 개설 후부터가 진짜 시작이었다. 목표금액을 달성하기 위해서는 많은 사람들에게 꾸준히 크라우드 펀딩을 알리고 홍보하는 과정이 필요했다. 가까운 지인들에게 메신저를

소아암 환우들을 위해 아프리카 나미비아에서 개최되는 250km 사하라 사막 마라톤에 도전하는 간호사 이야기

돌리는 것부터 시작해 SNS, 각종 포털사이트, 간호사 커뮤니티 등 다양한 방면으로 소아암 환우를 위한 기부 펀딩을 홍보하기 위해 노력했다.

매일같이 근무를 마치고 나면 크라우드 펀딩 사이트에 출석 도장을 찍었다. 어느 순간부터 펀딩 진행 현황을 확인하는 것이 나의 또 다른 즐거움이 되어 있었다. 후원금액이 그 전보다 오른 것을 확인하면 그날 하루 종일 기분이 좋았다. 반면 펀딩 금액에 변화가 없을 때면 불안한 마음이 들었다. 그럴 때마다 조금 더 많은 사람들에게 펀딩을 노출시키고 참여를 유도하기 위한 방법들에 대한 고민을 했다. 그렇게 한 달여의 시간이 흘러 처음 목표했던 모금액인 250만 원을 결국 달성해

냈다. 모금된 금액은 펀딩 사이트 수수료와 리워드 제작비용을 제외하고는 전액 소아암 환우들을 위해 기부될 예정이다. 나에게 돌아오는 돈은 단 1원도 없었지만 이미 사막 마라톤을 완주하고 온 것처럼 기분이 좋았다.

하지만 최소 목표금액을 달성했다고 해서 거기에 만족할 수는 없었다. 약 40일간의 펀딩 기간 동안 끝까지 최선을 다하고 싶었다. 감사하게도 목표 금액을 달성한 후에도 꾸준하게 많은 분들이 펀딩에 참여해 주셨다. 최종적으로 84명의 후원자분들로부터 소아암 환우들을 위한 294만 원의 소중한 후원금을 모금할 수 있었다. 이 금액은 장기간 투병하는 소아암 환우들의 병원비를 생각한다면 결코 크지 않은 돈일 수 있다. 하지만 많은 분들의 소중하고 진심어린 마음이 모여 만들어진 그

소아암 환우들을 위해 사하라 사막을 달리는 간호사를 아시나요?

김보준

소셜·캠페인

우주건리워드

무엇보다 값진 금액이었다. 후원을 해 주신 분들의 전체적인 구성을 봤을 때 평소 나를 알고 있는 지인들의 비율이 높은 편이었다. 하지만 나를 전혀 알지 못하고 일면식도 없지만 나의 꿈과 소아암 환우들을 위해 망설임 없이 큰돈을 기부해 주신 분들도 있었다. 크라우드 펀딩을 준비하고 진행하는 시간들은 나에게 눈코 뜰 새 없이 바쁘고 힘든 시간들이었다. 하지만 그와 동시에 많은 사람들이 나의 프로젝트를 응원하고 지지해 주고 있다는 감사한 사실을 확인할 수 있는 소중한 시간들이기도 했다.

열심히 노력하면 하늘이 그 뜻을 알아준다고 했던가, 나에게 또다시 기적 같은 일이 일어났다. 기부 마라톤을 준비하며 서울아산병원 중환자실에서 발행하는 중환자실 신문 한 켠에 내 이야기가 소개된 적이 있었다. 중환자실 신문 발행을 담당하는 임채만 중환자실장님께서 나의 도전을 좋게 봐주셨고 병원 차원에서 도울 수 있는 일이 없는지 직접 알아봐 주시겠다고 하셨다. 또한 나의 도전을 응원해 주시며 격려의 말씀을 아끼지 않으셨다. 얼마 후 병원에서도 기부 마라톤에 동참하기 위한 한 가지 방법을 제안했다. 서울아산병원의 전 직원들을 대상으로 실시하고 있는 '끝전 모으기'를 통해 모아진 모아사랑기금에서 내가 크라우드 펀딩으로 모금한 금액인 294만 원만큼을 1:1로 매칭하여 한 번 더 소아암 환우들을 위해 기부해 주기로 한 것이다.

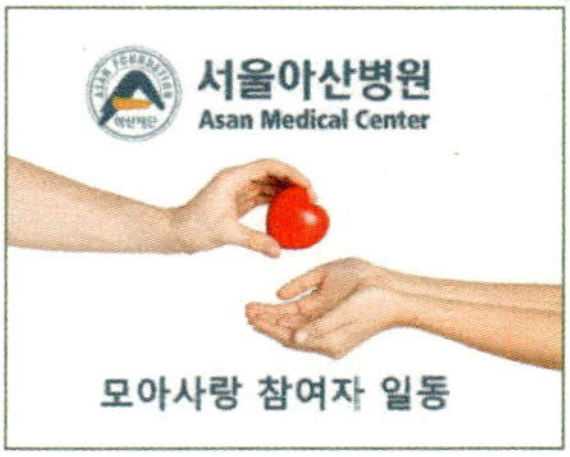

힘들었던 만큼 좋은 결실을 맺을 수 있음에 다시 한 번 감사함을 느꼈다. 지금이라도 당장 소아암 환우들을 위해 후원금을 기부하고 싶었지만 후원금 기부는 사막 마라톤을 멋지게 완주하고 나서 하는 것으로 조금 미뤄 두기로 했다. 이제는 한숨을 돌리고 온전히 나의 꿈이었던 사하라 사막 마라톤을 준비하는 것에만 집중해야 할 시간이었다.

나눔 프로젝트인 '사하라 사막에 피는 꽃'은 사하라 사막 기부 마라톤을 준비하며 내가 기획한 1인 프로젝트였다. 하지만 어느 순간 작은 불씨가 마른 장작에 번져 가듯 빠르게 많은 사람들에게 선의의 불꽃이 피어오르게 되었다. 아무 것도 없을 것이라고 생각하는 황량하고 메마른 사막에서 피어나는 꽃은 누군가에게는 잊고 지내던 꿈이, 누군가에게는 주변을 돕는 따스한 손길이 될 것이다. 처음 프로젝트를 시작할 때는 상상하지 못했던 많은 일들이 지금은 현실이 되었다.

이제는 지금까지 꿈꿔 왔던 내 꿈을 진짜 현실로 만들어야 할 때였다.

근무 마라톤을 하다

사막 마라톤을 준비하는 과정은 하나부터 열까지 쉬운 것이 없었다. 그중 가장 힘든 것은 일을 하며 동시에 마라톤을 준비해야 한다는 것이었다.

중환자실의 고된 업무 강도는 퇴근 후 나를 녹초로 만들어 버리곤 했다. 근무를 마치고 침대에 눕기만 하면 두 눈의 무게는 감당할 수 없을 만큼 무겁게 느껴졌다. 평상시라면 그대로 곯아떨어졌겠지만 더 이상 그럴 수 없었다. 사막 마라톤을 위해 준비해야 할 일들이 산더미처럼 쌓여 있었기 때문이다. 오프에 마음 편히 쉬는 것은 나에게 사치였다. 정확히 말해서는 그럴 수 있는 시간이 없을 정도로 바쁘게 지내야만 했다.

사막 마라톤 출전을 위한 2주간의 휴가를 만들기 위해서는 연차를 사용하고도 근무표의 휴일을 장기 오프에 몰아야만 했다. 장기 오프의 앞뒤 근무 스케줄은 자연스레 빽빽해질 수밖에 없었다. 긴 휴가를 만들기 위해서는 어쩔 수 없는 선택이었지만 숨쉴 틈 없이 몰아치는 근무의 강행군은 사막을 가기 전부터 체력적으로 나를 소진시키고 있었다. 문득 사막 마라톤을 시작하기 전부터 근무 마라톤을 하고 있는 것 같다는 생각이 들었다. 그래도 사막에 갈 수 있다는 사실 하나만으로도 기쁜 마음을 가지고 근무 마라톤을 이어 나갈 수 있었다. 출국까지 한 달 정도를 앞두고 있는 지금까지도 사막에 간다는 사실이 비현실적으로 느껴졌다. 근무를 위해 눈을 떴을 때 온몸은 천근만근 무겁게만 느껴졌지만 하루하루가 기분 좋은 꿈을 꾸고 있는 것 같았다.

하루는 출근을 했더니 드디어 기다리고 기다렸던 출국하는 달의 근무표가 나와 있었다. 근무표를 받자마자 가장 먼저 사막 마라톤을 위한 출국일과 귀국일의 근무를 확인했다. 두근거리는 마음으로 근무표에 표시된 오프를 손가락으로 하나씩 세어 봤다. '하나, 둘, 셋... 열다섯, 열여섯. 열여섯?!' 근무표의 내 이름 옆에는 예정했던 14일이 아닌 16일의 오프가 표시돼 있었다. 알고 보니 수간호사 선생님이 빽빽해 보이는 사막 마라톤의 일정을 고려해 2일 더 길게 휴가를 만들어 주신 것이었다. 16일의 오프라니, 결혼을 하는 등 특별한 경우가 아니라면 교대 근무를 하는 간호사에게는 절대 쉽지 않은 휴가 일수였다. 그럼에도 선뜻 긴 휴가를 허락해 주신 김세라 수간호사 선생님과 꿈을 응원해 주는 우리 병동 식구들에게 미안함과 동시에 감사한 마음이 들었다. 주변의 이러한 배려와 감사한 사람들이 있었기에 사막 마라톤이라는 꿈을 이룰 수 있는 소중한 기회를 얻을 수 있었던 것 같다.

예정했던 출국일이 차츰차츰 다가오자 신경써야 할 것들이 한두 가지가 아니었다. 먼저 아프리카 나미비아로 가는 왕복 항공권을 구매하는 것이 급선무였다. 몇 단계의 간단한 과정을 거치고 결제를 위한 카드번호를 기입하니 어렵지 않게 아프리카로 가는 항공권을 발권할 수 있었다. 대회의 참가비를 입금하고 선수 등록을 하는 것 또한 마찬가지였다. 지금까지 고민했던 시간들이 무색할 정도로 간단하게 처리되었다. 뒤돌아봤을 때 사막을 가기로 결심하기까지는 정말 많은 고민들이 있었고 오랜 시간이 걸렸었다. 하지만 막상 결심을 하고 나서부터는 생각보다 빠른 속도로 모든 일들이 진행되기 시작했다. 이 모든 것들은 얼마 전까지만 해도 혼자서 가슴속에만 품고 있었던 것들이었다. 하지만 이제는 하나, 둘 내 눈앞에서 현실이 되고 있었다. 생각만 하고 고민만 해서는 아무런 변화도 일어나지 않는다. 아무리 멋진 꿈과 계획을 가지고 있다고 하더라도 실행하지 않으면 결국 아무런 꿈도 없는 사람과 다를 게 없다. 지금이 아닌 다음으로 미루다 보면 그 '다음'이라는 순간은 영원히 오지 않을지도 모른다. 먼 훗날 "그때 왜 시도해 보지 않았을까?"라며 후회할 바에는 과감하게 저질러 보는 용기가 필요하다. 물론 항상 결과가 좋지 않을 수도 있다. 하지만 해도 후회, 안 해도 후회할 거라면 나는 해 보고 후회하는 쪽을 선택하고 싶었다.

사막 마라톤을 참가하기 위해서는 30여 가지에 달하는 필수 장비들을 가지고 있어야 한다. 필수 장비들을 하나하나 찾아보고 준비하는 일 또한 많은 시간을 필요로 했다. 사막을 달리는 데 이렇게 많은 물품들이 필요할 줄은 전혀 상상하지 못했다. 하루 종일 컴퓨터를 붙잡고 국내외 인터넷 쇼핑몰을 통해 장비들을 검색하고 구매했다. 하나하나 모두 중요한 물품들이었기 때문에 어느 것 하나 쉽게 구매할 수 없었다. 내 발에 꼭 맞는 신발을 찾기 위해 여러 곳의 스포츠 전문점을 전전하기도 했다. 필수 장비와 준비 물품에는 일주일 동안 달리며 먹어야 할 식량도 포함되어 있었다. 사막 마라톤에서 음식은 굉장히 중요한 부분이었지만 식량은 배낭의 무게에 큰 비중을 차지하기 때문에 먹고 싶다고 해서 아무 음식이나 고를 수는 없었다. 최대한 가벼우면서도 칼로리가 높은 음식을 고르는 것이 중요했다. 수분이 포함되면 무게가 많이 나가기 때문에 주로 수분이 많이 포함되지 않은 식품들을 위주로 심혈을 기울여 알아보고 준비했다. 시간을 절약하기 위해 대부분의 물품 구매는 인터넷으로 했기 때문에 매일 근무를 마치고 나면 경비실에는 산더미처럼 쌓인 택배가 나를 반기고 있었다.

사막 마라톤은 심신이 건강한 사람에게도 호락호락하지 않은 대회임에 틀림없다. 250km라는 물리적인 거리 이외에도 평균 기온이 40도가 넘는 고온의 사막 환경과 부상의 위험 등 극한의 인내심과 체력을 필요로 하기 때문이다. 대회 주최 측에서는 모든 참가 선수들에게 의사의 건강검진 서류를 요구한다. 사막 마라톤에 참가하는 데 적합한 건강상태를 가졌는지를 확인하기 위해서다. 나도 오프 날 건강검진 서류를 발급 받기 위해 근처 병원을 방문했다. 사막 마라톤에 나간다고 하니 걱정스러운 눈빛과 함께 간단한 검진과 문진이 얼마간 이어졌다. 사막의 무더위에서는 아무리 건강한 사람이라도 열사병과 일사병 등의 위험이 있어 항상 물을 충분히 마시고 무리하지 말라는 신신당부를 듣고서야 주최 측에서 요구하는 건강검진 서류에 서명을 받을 수 있었다.

근무 전, 후 그리고 쉬는 날에는 병원 주변 한강을 달리며 꾸준히 체력을 키웠다. 매일 장거리를 달리다 보니 무릎과 발목에 종종 무리가 오기도 했다. 250km의 사막 마라톤을 완주하기 위해서 어느 정도 훈련을 하고 준비해야 할지에 대해서도 전혀 감이 오지 않았다. 6박 7일간 매일 마라톤 풀코스에 상당하는 거리를 발이 푹푹 빠지는 모래 위에서 달려야 한다는 사실이 갑자기 두렵게 느껴졌다. 하지만 내가 지금 해야 하는 일은 닥치지 않은 미래에 대해 두려워하는 것이 아닌 지금 이 순간 최선을 다하는 것이라는 사실을 나는 잘 알고 있었다.

이외에도 아프리카 나미비아의 비자신청부터 시작해 현지 숙소와 교통편 예약, 환전 등 동시다발적으로 많은 일들이 쏟아졌다. 사막 마라톤을 위한 준비만으로도 이미 버거웠지만 소아암 환우들을 위한 크라우드 펀딩 준비와 홍보 또한 소홀히 할 수 없었다. 3교대 근무를 하며 이 모든 일들을 다른 사람들의 도움 없이 혼자서 감당해 내야 했던 나는 진정 슈퍼맨이 되어야만 했다. 준비하는 과정 자체가 너무 힘들고 고통스러워 오히려 빨리 사막을 달리고 싶다는 생각이 들 정도였다.

아마도 누군가가 시켜서 하는 일이었다면 절대 해낼 수 없었을 것이다. 스스로가 하고자 하는 가슴 뛰는 일이었기에 고단하고 힘든 준비과정도 즐거운 마음으로 임할 수 있었다.

리허설은 끝났다

사막 마라톤의 개최지인 아프리카 나미비아로의 출국이 한 달 앞으로 다가왔다.

대회 출전을 결심하고부터 약 반년 동안 나름대로 꾸준히 훈련을 하며 체력을 키워왔다. 마라톤이라고는 생전 접해 본 적이 없었던 나였기에 처음 대회를 준비하며 많이 힘들기도 했고 경험해 본 적 없는 낯선 분야에 대한 두려움 또한 컸다. 하지만 작년 가을, '춘천국제마라톤 대회'를 완주하고서 나는 '할 수 있다'는 희망과 함께 일말의 자신감을 얻을 수 있었다. 이후에도 근무를 하면서 시간이 날 때마다 틈틈이 한강을 달리며 체력을 키웠고 더불어 헬스도 시작하며 기초 체력과 지구력을 키우는 데 집중했다. 처음에는 조금만 오래 뛰어도 숨이 턱까지 차오르며 힘들었는데 어느 순간부터는 조금씩 여유가 생기기 시작했다.

나에게 잘 맞는 나만의 페이스도 찾을 수 있었다. 마라톤에서는 빠르게 달리는 것도 중요하지만 본인이 가지고 있는 체력을 전체적으로 골고루 안배하는 능력 또한 굉장히 중요하다. 초반에 무리하게 되면 후반에는 힘이 달려 끝까지 뛸 수 없게 되기 때문에 스스로에게 맞는 페이스를 찾아 유지하는 것이 필요했다. 꾸준히 운동을 하면서 어떤 속도로 달려야 가장 빠르면서 지치지 않고 달릴 수 있는지에 대해 알게 되었다. 마라톤은 본인 스스로를 잘 알아야 하는 운동이다. 스스로를 잘 알기 위해서는 끊임없이 한계에 부딪히며 자신을 알아 가는 시간을 가져야 한다. 자신의 그릇에 흘러넘치지도 그렇다고 남지도 않을 만큼 적당히 담는 법을 아는 것이 중요했다. 비단 그것은 마라톤에만 그치는 것은 아니었다. 살아가면서도 스스로에게 가장 잘 맞는 리듬과 속도로 살아가는 것은 가장 빠르면서도 멈추지 않고 원하는 목표까지 도달할 수 있게 해 줄 것이기에.

사막 마라톤에 출전하기 전 내 인생의 두 번째 마라톤 풀코스인 '동아국제마라톤'에 도전하기로 했다. 첫 풀코스 도전이었던 춘천국제마라톤에 참가했을 때는 훈련이 많이 부족한 상태였다. 준비가 부족한 만큼 경기 내내 굉장히 힘들었고 후반부에는 걷는 구간도 많았다. 하지만 그 후 지속적으로 운동을 하며 체력을 길렀고 이번 대회에서는 기필코 후반부에 걷지 않으리라 스스로 다짐했다.

그리고 이번에는 그때와 다른 새로운 도전을 하기로 했다. 사막 마라톤이 코앞으로 다가온 지금, 최대한 사막 마라톤과 비슷한 운동 환경을 경험해 보기 위해 가방을 메고 마라톤 풀코스를 달리기로 한 것이다. 실제 사막 마라톤에서는 일반 마라톤처럼 맨몸으로 가볍게 달리는 것이 아니기 때문에 최대한 경기 환경과 비슷하게 경험해 보는 훈련이 필요했다. 평상시 운동을 하면서는 한 번도 가방을 메고 달려 본 적이 없었다. 또한 작년 첫 대회 출전 이후에는 40km가 넘는 장거리를 뛰어 본 적도 없었다. 그런 의미에서 이번 대회는 나에게 사막 마라톤에 출전하기 전 마지막 리허설 훈련으로 제격인 대회였다.

동아국제마라톤 출발지인 광화문광장, 세종대왕 동상 앞에서

SEOUL
MARATHON 2017
START

작년 가을에 이어 반년 만에 또다시 풀코스 대회의 스타트 라인에 섰다. 출발하기 전 가방 속에 필수 물품들을 챙겨 넣고 물통에는 물을 가득 채웠다. 확실히 두 어깨를 누르는 배낭의 무게가 실감나기 시작했다. 경기가 시작되고 얼마간 달리기 시작하자 아무 것도 메지 않고 달렸을 때와는 확연히 다른 느낌이 들었다. 한 걸음을 땅에 내딛을 때마다 가방의 무게가 반동에 의해 어깨를 짓눌렀다. 몸이 훨씬 무겁게 느껴지는 것은 당연했다. 처음 짐이 가득 찬 가방을 메고 달렸을 때는 어깨 끈이 너무 길어 가방이 심하게 흔들렸다. 계속해서 달리며 조금씩 끈을 내 몸에 딱 맞게 조절하자 확실히 처음과 다르게 흔들림이 많이 줄어들었다. 어느 순간 가방이 내 몸과 한 몸처럼 느껴지며 편안해지기 시작했다. 물통에 연결된 기다란 빨대를 통해 달리면서 물을 마시는 연습도 할 수 있었다. 달리면서 그동안 경험해 보지 못한 여러 가지 상황을 몸소 체험해 볼 수 있었다. 이러한 경험들은 실전에서의 시행착오를 줄여 주고 조금 더 빠르게 적응할 수 있도록 도와 줄 것이다.

달리는 내내 사람들의 이목이 나에게 집중됐다. 그냥 맨몸으로 달려도 쉽지 않은 마라톤 풀코스를 커다란 가방을 메고 달리고 있으니 그럴 만도 했다. 함께 마라톤을 하고 있는 참가자들은 물론 거리에서 응원하고 있는 많은 사람들까지 굉장히 신기한 눈빛으로 나를 바라봤다. 덕분에 달리는 동안 굉장히 많은 사람들의 응원을 받을 수 있었다. 경기의 후반부에 갈수록 체력적으로 힘든 탓에 나도 모르게 달리는 속도가 눈에 띄게 줄어들곤 했다. 마음 같아서는 달리고 있는 발걸음을 멈추고 그 자리에 누워버리고 싶었다. 그런데 체력적으로 위기가 올 때마다 어디선가 사람들의 응원 소리가 들려왔다.

"조금만 더 힘내세요!"

그런데 정말 신기하게 그 짧은 말 한마디에 나도 모르게 힘이 솟아났다. 말 한마디에 이렇게 힘이 날 수 있다는 것 자체가 정말 신기했다. 어디선가 들려오는 누군가의 따뜻한 응원 한마디는 생각보다 강력한 힘을 지니고 있었다. 그들의 응원 한마디 한마디가 나에게는 정말 큰 힘이 되어 돌아왔다. 나 또한 누군가에게 따뜻한 말 한마디를 먼저 건넬 수 있는 사람이 돼야겠다는 생각이 들었다.

어느덧 저 멀리 희미하게 결승선이 보이기 시작했다. 가방의 무게는 처음 달렸을 때와는 비교가 되지 않을 만큼 무겁게 느껴졌다. 결승선과 가까워질수록 사람들의 환호성 소리와 응원 소리가 더 크게 들려왔다. 마지막으로 남아 있는 혼신의 힘을 다해 결승선을 통과했다. 인생의 두 번째 마라톤 풀코스를 완주한 것이다. 결승선의 전광판에 표시된 완주 시간을 보며 나는 놀라지 않을 수 없었다. 지난 가을 첫 마라톤 풀코스에 도전했을 때에 비해 무려 30분 가까이 기록이 단축되어 있었기 때문이다. 열심히 훈련을 한 이유도 있었겠지만 이번 대회에서는 맨몸으로 달린 게 아니었기 때문에 기록 단축의 소식은 더욱 기쁠 수밖에 없었다. 환경은 더 힘들었지만 기록은 훨씬 더 좋아졌다. 지금까지 근무를 하며 피곤한 몸을 이끌고 꾸준히 한강을 달려 왔던 보람을 느낄 수 있었다.

동아국제마라톤 골인지인 잠실종합운동장, 기념 패널 앞에서 ⬆

88회 동아국제마라톤 기념 메달 ⬇

달라진 것은 비단 완주 시간뿐만이 아니었다. 경기가 끝난 후의 몸 상태 또한 반년 전 첫 풀코스에 도전했을 때와는 완전히 달랐다. 처음 마라톤 풀코스를 완주하고 나서는 심한 근육통으로 인해 걸음을 제대로 걸을 수 없을 정도였다. 그렇게 며칠간을 온몸의 근육통에 시달리며 마라톤의 후유증을 겪어야 했다. 하지만 지금은 약간의 피로감은 있었지만 그때처럼 근육통 같은 문제가 전혀 없었다. 오히려 힘이 아직 남아 얼마간 더 달릴 수 있을 것만 같았다. 체력이 많이 늘었음을 한 번 더 느낄 수 있었다. 이번 풀코스 도전은 여러 가지 면에서 나에게 의미 있는 일이었다. 지금까지 훈련을 했던 성과도 알아볼 수 있었고 새로운 환경에서 운동을 하며 사막 마라톤을 간접적으로 경험해 볼 수도 있었다. 사막 마라톤에 대한 자신감과 스스로에 대한 '할 수 있다'는 믿음 또한 한층 더 강해질 수 있었다.

출국일이 다가올수록 더욱더 가슴이 뛰고 사막을 달리고 싶은 마음이 커져만 갔고, 끝나지 않을 것만 같았던 근무 마라톤도 어느덧 끝이 보이기 시작했다. 뒤돌아보면 작년 가을, 사막 마라톤에 나가기로 처음 결심을 하고부터 정말 많은 일들이 있었고 숨가쁘게 지금까지 달려왔다. 마라톤에 '마' 자도 모르던 내가 벌써 마라톤 풀코스를 2번이나 완주한 새내기 아마추어 마라토너가 되어 있었다. 소아암 환우들을 위한 펀딩과 사막 마라톤 준비들, 너무나 힘들고 바빴던 지난 시간들이 주마등처럼 머릿속을 스쳐지나갔다. 어느 것 하나 쉬웠던 것이 없었지만 꿈 하나만을 바라보고 끊임없이 달려왔던 후회 없는 시간들이었다.

출국 전날 밤 마지막 근무를 마치고 침대에 누웠다. 오늘밤은 고된 근무 마라톤으로 죽은 듯 잠들던 지난날들과는 달리 쉽게 잠들지 못할 것 같다. 이제 정말 내일이면 그토록 꿈꿔 왔던 사막을 향해 아프리카로 떠나게 되는 것이다.

4장

사막을 달리며

아프리카로 출국하다

드디어 아프리카 나미비아로 떠나는 출국일이 밝았다.

아직도 오늘 내가 아프리카로 떠난다는 사실이 잘 믿겨지지 않았다. 공항으로 출발하기 전 빠트리고 가는 것들이 없는지 대회 장비들과 여권, 비자 등 준비 물품들을 최종 점검했다. 대회 참가를 위한 일정을 제외하면 현지에서 따로 관광을 할 시간이 없었기 때문에 가방에는 온통 대회 참가를 위한 장비들과 식량으로 가득했다. 최종 점검을 마치고 출발하기 전 병동 사람들에게 인사하기 위해 중환자실에 들렀다. 수간호사 선생님과 병동 식구들은 다치지 말고 잘 다녀오라며 마지막까지 좋은 말씀과 응원을 해 주셨다. 병동 식구들의 응원을 받고 병동을 나서기 위해 발걸음을 돌리는 순간 갑자기 내가 사막으로 간다는 사실이 조금씩 실감나기 시작했다. 병원에서 일하기 시작한 이래로 가장 긴 16일의 오프가 지금부터 시작되고 있었다.

공항으로 가는 버스에 몸을 싣자 나도 모르는 사이 눈이 감겼다. 지금까지 사막 마라톤을 가기 위해 준비해 왔던 많은 일들과 근무 마라톤으로 인한 피로가 한꺼번에 몰려오는 듯했다. 지난 밤, 늦게까지 사막으로 간다는 사실에 심장이 두근거려 밤새 잠을 설친 이유도 있었다. 그 덕분에 정말 눈 깜짝할 사이에 공항에 도착할 수 있었다. 작년까지만 해도 그저 막연하게 꿈만 꾸던 사막 마라톤에 참가하기 위해 공항에 왔다는 사실이 아직까지도 믿기지 않았다. 며칠 후면 나는 광활한 아프리카 나미비아의 모래사막을 달리고 있을 것이다. 사막을 달리는 내 모습을 상상하는 것만으로도 가슴 한편에서 뜨거운 무엇인가가 왈칵 쏟아지는 것만 같았다. 이제 정말 꿈이 현실이 되는 순간이 코앞으로 다가왔다.

한국에서 사막 마라톤의 개최지인 나미비아까지 가는 것은 총 세 번의 비행과 두 번의 경유를 거쳐 만 하루가 걸리는 기나긴 여정이었다. 공항에 도착한 후 가장 먼저 은행에 들러 환전을 했다. 환전한 현지 화폐에 그려진 치타 그림이 내가 가는 곳이 아프리카라는 것을 한 번 더 상기시켜 주고 있었다. 생각보다 일찍 공항에 도착한 탓에 탑승까지 아직 여유가 있었다. 멍하니 벤치에 앉아 공항에 있는 사람들을 관찰하며 시간을 보냈다. 여기에 있는 많은 사람들은 어떤 이유로 공항에 왔고 어디를 향해 가고 있는 걸까? 대다수의 사람들은 들뜬 얼굴로 커다란 캐리어를 끌고 가고 있었다. 그들의 얼굴에는 설렘과 기대가 가득했다. 아마 이곳에 있는 대부분의 사람들은 바쁜 일상을 벗어나 잠시 어디론가 여행을 떠나기 위해 공항을 방문했을 것이다.

여행을 떠나는 수많은 공항의 인파 속에서 나는 커다란 물통이 달린 백팩 하나를 둘러메고 비행기를 기다리고 있었다. 갑자기 기분이 이상했다. 지금까지 해외에 나간 경험이 여러 번 있었지만 나 또한 대부분의 목적이 여행이었다. 하지만 이번에는 조금 달랐다. 대회 출전을 위한 출국을 기다리며 공항에 앉아 있으니 뭔가 내가 국가 대표라도 된 것 같은 비장한 기분이 들었다. 더군다나 내가 입고 있는 옷의 양 어깨에는 주최 측의 사막 마라톤을 나타내는 4Desert 대회 패치와 대한민국의 태극기 패치가 나란히 붙어 있었다. 대회에 참가하는 선수라면

대회 패치와 함께 자신의 국적을 나타내는 국가 패치를 의무적으로 양쪽 어깨에 부착해야 한다. 아마 지나가는 누군가가 나를 본다면 내 모습은 정말 해외 대회를 위해 출국하는 운동선수로 보일 수 있겠다는 생각이 들었다. 그렇게 생각하니 정말 나는 이번 사막 마라톤 대회에서 만큼은 우리나라를 대표하는 국가 대표가 되는 셈이었다. 갑자기 양쪽 어깨가 으쓱해졌다.

탑승 게이트 입구의 전광판에는 이번 여정의 첫 번째 경유지인 홍콩이 적혀 있었다. 지금부터 정말 아프리카 나미비아로 가기 위한 대장정이 시작되는 것이다. 비행기를 탔는데 옆자리에서 우연히 나와 같은 대회에 출전하는 채울이를 만났다. 양쪽 어깨에 붙어 있는 대회 패치를 통해 멀리서도 한눈에 사막 마라톤에 출전하는 선수라는 것을 알 수 있었다. 나이는 나보다 훨씬 어린데 이야기를 들어 보니 보통 내공을 가진 친구가 아니었다. 이미 철인삼종경기는 물론 크고 작은 대회를 여럿 경험한 스포츠 마니아였다. 이미지는 그저 장난기 많은 여동생 같은 느낌이었지만 워낙 운동을 좋아하는 친구라 사막 마라톤에 출전한다고 해도 전혀 이상해 보이지 않았다. 비행기 안에서 채울이와 여러 가지 이야기를 나누다 보니 어느덧 첫 번째 경유지인 홍콩에 도착해 있었다.

SOUTH AFRICAN
flysaa.com

이야기를 나누다가 갑자기 머나먼 이역만리 타지에서, 그것도 자신의 돈과 시간을 들여 나처럼 사서 고생을 자처하는 사람들은 과연 어떤 사람들일까? 하는 궁금증이 들었다. 생각해 보면 준비해야 하는 많은 시간과 비용 등을 감안했을 때 사막 마라톤에 나가기란 어느 누구에게도 분명 쉬운 결정은 아니었을 것이다. 나미비아 현지에는 벌써 어제부터 한국인 참가자들이 하나, 둘 도착해 모여 있다는 소식을 들었다. 갑자기 그들과의 만남 또한 사막 마라톤만큼이나 기대가 되기 시작했다. 아마 그들도 나처럼 그들만의 소중한 무엇인가를 찾으러 사막으로 오지 않았을까?

홍콩을 거쳐 두 번째 환승지인 남아프리카 공화국의 요하네스버그에 도착했다. 아직 최종 목적지인 나미비아까지 가려면 한 번 더 비행기를 타야 했지만 공항에서 판매되는 이색적인 기념품들로부터 이미 이곳이 아프리카라는 사실을 인지할 수 있었다. 대회와는 별개로 나미비아까지 가는 것만으로도 예상했던 것보다 더 힘들고 긴 여정이었다. 한국 인천에서 홍콩, 남아프리카 공화국의 요하네스버그를 거쳐 2번의 경유와 3번의 비행 끝에 나미비아 빈트후크 공항에 도착했다. 드디어 아프리카 땅을 밟은 것이다. 한국에서 출발한지 만 하루 만에 빈트후크에 있는 현지 숙소에 도착할 수 있었다.

이색적인 아프리카의 기념품

숙소에는 이미 하루 일찍 여유를 두고 도착한 한국인 참가자들이 삼삼오오 모여 있었다. 놀라운 점은 이번 대회에 생각보다 많은 한국인 선수들이 참가한다는 것이었다. 이번 대회에서만 나를 포함해 총 13명의 한국 선수들이 도전장을 던졌다. 현지에 모인 한국인 참가자들 중에는 아직 학교를 다니는 대학생도 있었고 나와 같은 직장인들도 있었다. 연령대와 직업군도 굉장히 다양했다. 머나먼 아프리카에서 이렇게 다양한 사람들과 여러 가지 이야기를 나누다 보니 몇 년은 알고 지낸 사이처럼 금세 편하게 느껴지기 시작했다. 아마 사막 마라톤이라는 하나의 접점으로 만나 더욱더 허물없이 대화할 수 있었기 때문이었던 것 같다. 뒤늦게 도착한 나와 채울이를 위해 먼저 도착해 있던 분들이 한국에서 가지고 온 김치와 현지에서 장을 봐 온 재료들로 요리를 해 주셨다. 낯선 타지에서 좋은 사람들과 함께 맛있는 음식, 그리고 시원한 맥주가 곁들여져 더할 나위 없이 완벽한 만남의 순간을 만들어 내고 있었다.

보름 전부터 나미비아 여행과 대회 출전을 위해 미리 도착해 있었던 광훈이가 아프리카의 노을에 대해 극찬을 쏟아 냈다. 배도 부르고 소화도 시킬 겸 못이기는 척 숙소 근처로 노을을 보러 나왔다. 숙소 밖을 나와 바라본 하늘은 너무나 아름다운 색감으로 물들어 있었다. 황홀한 아프리카의 노을을 바라보는 것만으로도 이곳까지 오는 긴 여정에서 쌓인 피로가 한 번에 눈 녹듯 사라지는 기분이 들었다.

한국과 이곳 나미비아의 시차는 8시간으로 한국과 밤낮이 바뀔 만큼 시차가 상당했다. 어제 하루 일찍 도착한 사람들은 물론 나와 함께 도착한 채울이까지 시차로 인한 피곤함을 호소했다. 하지만 평소 3교대 근무로 단련된 나는 시차로 인한 피곤함을 전혀 느끼지 않았다. 3교대를 하는 간호사라는 직업에 이런 장점이 있을 줄은 전혀 예상하지 못했다.

사막의 전야제

어제 도착한 나미비아의 빈트후크에서도 경기 개최지인 스와코프문트라는 도시까지 가기 위해서는 미니 밴을 이용해 또다시 4시간 이상을 달려야 했다.

도착한 스와코프문트의 숙소는 이미 세계 각국에서 사막 마라톤에 참가하기 위해 몰려든 수많은 선수들로 북새통을 이루고 있었다. 숙소에 모인 선수들의 눈빛은 설렘과 기대로 가득 차 있었다. 전 세계에서 모여든 선수들이 만드는 유쾌한 분위기는 가히 축제를 연상케 했다. 처음 도착했을 때는 이런 분위기가 많이 어색했지만, 나도 이 축제 같은 분위기 속에서 세계 각국의 사람들과 함께할 수 있다고 생각하니 갑자기 가슴이 두근거리기 시작했다. 어느새 나도 그들 사이에서 함께 축제를 즐길 준비를 하고 있었다.

오늘은 사막 마라톤의 공식 일정이 시작되는 날이다. 아침 일찍부터 분주해진 스텝들의 발걸음이 일정의 시작이 가까워졌음을 알려 주고 있었다. 첫 번째 일정으로 사막 마라톤에 대한 개요 및 규칙 등을 소개하는 브리핑 시간을 가졌다. 대회에 참가하는 모든 선수들이 하나, 둘 브리핑에 참석하기 위해 숙소 앞으로 모여들었다. 선수들의 얼굴은 이미 대회가 시작되기라도 한 듯 어린아이처럼 들떠 있어 보였다. 그들의 어깨에 붙은 각국의 국기 패치는 참가 선수들의 다양한 국적을 나타내 주고 있었다. 전 세계에서 모여든 백여 명의 사람들은 오로지 사막을

사하라 사막 마라톤 현지 브리핑

달리기 위해 이곳에 모였다. 그중에는 자랑스러운 태극기를 붙인 한국팀도 있었다. 13명의 한국팀은 앞으로 6박 7일간의 대회를 함께 고군분투할 든든한 전우들이었다. 브리핑에는 대회 진행을 도와주는 스텝을 소개하는 시간도 있었는데 이번 대회의 자원봉사자 중에는 한국인 형찬 씨도 있었다. 형찬 씨는 남아프리카공화국에서 유학 중에 사막 마라톤에 관심을 가지고 자원봉사자로 참여했다고 한다. 낯선 타지에서 열리는 대회에 한국인 스텝이 있다는 사실만으로도 너무 반갑고 든든하기까지 했다. 같은 국적에 같은 언어를 쓴다는 사실이 머나먼 타국에서는 그렇게도 반갑고 친숙할 수 없었다.

한국팀

대회의 브리핑을 마치고 다음으로 필수 장비를 점검하는 장비 검사 시간이 이어졌다. 대회에 참가하기 위해서 모든 선수들은 사막 마라톤에 필요한 30여 가지 이상의 필수 장비를 모두 가지고 있어야 한다. 장비 검사의 시간이 되자 선수들 사이에서는 팽팽한 긴장감이 감돌기 시작했다. 다들 각자가 준비한 장비들을 숙소 앞 잔디밭에 잘 보이게 펼쳐 놓고 장비 검사를 기다리고 있었다. 나를 비롯한 모든 선수들의 얼굴에는 긴장한 표정이 역력했다. 필수 장비가 없을 경우 주최 측에서는 선수의 경기 참가를 거부할 수도 있다. 도시가 아닌 사막에서 경기를 하는 만큼 장비들은 유사시 생명에 직접적으로 영향을 줄 수 있기 때문이었다. 여기까지 와서 대회에 참가하지 못한다면 정말 그 자리에서 울어 버릴 수도 있을 것 같았다. 장비 검사는 대회를 진행하는 운영진들에 의해 철저하고 꼼꼼하게 진행됐다. 특히 식량에 대한 검사는 더욱 신중하고 세밀하게 진행했다. 일주일간의 대회 기간 동안 먹을 음식

의 열량이 최소 권장 칼로리에 충족되는지를 확인하기 위해 준비한 식량의 칼로리를 하나하나 계산해 보기까지 했다.

선수들과 운영진들 간에 보이지 않는 긴장감이 흐르는 가운데 옆에서 다급하게 도움을 요청하는 한국 선수의 목소리가 들렸다. 대회 참가에 필요한 필수 장비 중 한 가지인 헤드랜턴이 갑자기 고장난 것이다. 정상적으로 작동되는 헤드랜턴이 없으면 대회에 출전하지 못할 수도 있는 아찔한 상황이었다. 옆에서 지켜보는 내 등에서도 식은땀이 흐르기 시작했다. 불행 중 다행으로 여분의 헤드랜턴을 챙겨온 다른 한국인 참가자에게 헤드랜턴을 빌려 아찔한 순간을 모면할 수 있었다. 약간의 해프닝이 있었지만 다행히 한국팀 전원이 장비 검사에 무사히 통과할 수 있었다. 긴장됐던 장비 검사가 모두 끝나고 나서야 비로소 선수들은 안도의 한숨을 내뱉을 수 있었다. 만약 혼자였다면 심적으로 많이 외롭고 불안했겠지만 이렇게 한국팀이라는 지지체계가 있다는 것만으로도 경기 시작 전부터 든든한 힘이 되었다.

모든 장비 검사가 끝나고 선수 배번을 받는 것으로 오늘 예정된 공식적인 일정이 모두 끝났다. 숙소에 들러 6박 7일간의 생존에 필요한 모든 것들이 들어 있는 가방 하나만을 챙겨 사막으로 향하는 차량에 몸을 실었다. 경기가 시작되는 사막으로 가기 위해서는 모래와 자갈이 끊임없이 펼쳐진 황량한 길을 차량으로 4시간 이상 달려야만 했다. 도로에는 뿌연 모래 먼지만이 우리가 지나온 길을 따라 외롭게 남아 있을 뿐이었다. 덜컹거리는 차창 밖을 바라보니 직감적으로 점점 더 사막에 가까워지고 있음을 느낄 수 있었다.

도착한 사막에는 선수들의 숙박을 위한 간이 텐트가 설치돼 있었다. 오늘부터 대회가 진행되는 일주일간 나를 포함한 선수들이 생활하게 될 공간이었다. 텐트라고 해서 깔끔하고 안락한 내부 공간을 생각한다면 큰 오산이다. 텐트 안의 바닥은 온통 모래투성이였고 한 텐트를 약 8명의 선수가 함께 사용하다 보니 공간 자체도 굉장히 협소했다. 텐트는 그저 새벽의 이슬을 막아 주고 몸을 누일 수 있는 최소한의 공간일 뿐이었다. 그래도 일교차가 극심한 사막에서 노숙을 하지 않는다는 것만으로도 감사한 일이었다.

일단 배정받은 텐트 한구석에 짐을 풀고 주변을 살펴보기 위해 텐트 밖을 나섰다. 텐트 주변에 보이는 것이라고는 온통 모래뿐이었다. 꿈에도 그리던 사막에 도착한 것이다. 발걸음을 걸을 때마다 발이 푹푹 빠지는 모래의 느낌이 썩 나쁘지 않았다. 내일이면 나는 이곳 사막을 달리게 될 것이다. 일주일간 250km의 사막을 타인의 도움 없이 스스로의 두 발에만 의지해 달려야 한다는 것은 나에게도 큰 부담과 두려움으로 다가왔다. 하지만 동시에 가슴이 터질 듯 설레고 두근거렸다. 사막에 오기 위해 지난 반년 동안 준비했던 그간의 시간들이 떠올랐다. 지금 이 순간, 얼마나 기다려 왔던 순간인가! 내일부터 아무런 생각 없이 온연히 나를 믿고 눈앞에 보이는 사막을 달리기만 하면 되는 것이다. 완주를 하는 것이 최종적인 목표였지만 지금 이렇게 사막 마라톤을 위해 사막에 와 있는 것만으로도 이미 후회는 없었다.

대회가 시작되기 전날 밤은 선수들 사이에서 전야제의 날이다. 대회로 인한 피곤함도 없고 다들 경기 시작 전의 설렘으로 가득 차 축제 같은 분위기이기 때문이다. 또한 무게에 연연하지 않고 가지고 온 음식으로 저녁식사를 할 수 있는 날이기도 했다. 경기가 시작되면 식량은 모두 본인의 가방에 짊어지고 달려야 한다. 그렇기 때문에 대부분 최대한 가벼운 건조식품 등을 준비한다. 하지만 오늘 저녁과 출발하기 전 먹는 내일 아침은 가방에 넣고 달리지 않기 때문에 메고 달릴 가방의 무게에 포함되지 않는다. 그래서 참치 캔, 각종 통조림, 소세지, 콜라 등 서

로 가지고 온 음식들을 모아 전야제의 만찬을 열었다. 무게 때문에 모두 경기가 시작되면 가방에 넣고 있기에는 부담스러운 음식들이었다. 다르게 말해 앞으로 일주일간은 다시 만나기 힘든 음식들이기도 했다. 즐거운 사람들과 함께한 사막에서의 첫 만찬은 여느 고급 레스토랑 못지 않게 만족스러웠다. 그런데 식사가 끝나고 시간이 지나도 어쩐 일인지 아무도 먼저 자리를 털고 일어나 텐트로 가려하지 않았다. 내일 아침부터 당장 6박 7일간의 대장정이 시작되지만 선수들 대부분은 일찍 잠들 생각이 없는 것 같았다. 주변을 둘러보니 다들 모닥불에 옹기종기 둘러앉아 이야기꽃을 피우고 있었다. 모두들 오늘밤을 한껏 즐기기로 작정한 듯했다. 사막의 지평선에 숨은 태양은 붉은 기운마저 서서히 잃어가고 있었다. 모두가 일찍 잠들지 못했던 사막의 첫날밤은 그렇게 하염없이 깊어가고 있었다.

사하라 사막의 일몰 ●

낙타파를 결성하다

새벽같이 일어나 대회 준비를 하는 선수들의 분주한 소리에 잠에서 깼다. 반쯤 눈을 뜨고 바라본 텐트 밖은 아직 어스름하게 해가 떠 어둑해 보였다. 사막의 새벽은 생각보다 쌀쌀했다. 새벽에는 기온이 뚝 떨어지면서 챙겨간 얇은 패딩을 입어야 할 정도였다. 사막에서 맞은 첫 아침은 생각처럼 개운하지 않았다. 텐트 바닥이 울퉁불퉁하고 자리가 불편해 밤새 잠을 설친 탓이었다. 경기 준비를 위해 자리를 털고 일어나 덮고 있던 침낭을 돌돌 말아 가방에 단단히 고정시켰다. 양쪽 어깨에 달린 물통에는 물을 가득 채우고 땀으로 손실될 전해질을 보충하기 위한 전해질 알약을 물통에 하나씩 넣었다. 모자, 선글라스, 선크림으로 사막의 태양에 대한 만반의 대비를 했다. 운동화 끈은 바짝 조여 매고 가방 끈을 어깨에 잘 맞게 조절했다. 마치 중요한 전투에 나가는 군인이 된 것처럼 조심스럽고 신중하게 장비들을 하나하나 점검했다.

매일의 날씨와 기타 변수 등을 고려해 그날 달리는 정확한 거리와 컷오프 타임(제한시간)은 당일의 브리핑을 통해 알 수 있다. 경기에 대한 일일 브리핑을 듣기 위해 서둘러 준비를 마치고 한국 선수들과 함께 아침을 먹었다. 브리핑 시간이 가까워지자 대회를 위해 완전무장한 선수들이 하나 둘 모여들기 시작했다. 선수들은 오늘 달릴 거리와 컷오프 타임을 듣기 위해 모두들 숨죽이고 브리핑에 귀를 기울였다. 사막 마라톤의 첫째 날, 우리가 달려야 할 거리는 39km이었다. 예상했던 대로 마라톤 풀코스에 상응하는 거리를 오늘부터 달려야 한다. 조금은 두렵기도 하지만 지금까지 열심히 준비한 스스로를 믿고 사막을 달려야 할 때였다.

출발 대기 중

브리핑을 모두 마치고 떨리는 마음으로 출발선상에 섰다. 발밑에는 푹신한 모래가 밟히고 있었고 눈앞에는 끝없이 펼쳐진 사막의 모래언덕이 나를 기다리고 있었다. 갑자기 심장이 미친 듯이 요동치기 시작했다. 동시에 스피커를 통해 출발을 위한 카운트다운이 시작되고 있었다. 6박 7일간의 대장정이 시작됨을 알리는 총포가 사막의 하늘에 울려 퍼지자 전 세계에서 모여든 백여 명의 선수들이 일제히 사막으로 쏟아져 나왔다. 나도 수많은 선수들 사이에서 사막을 향해 힘찬 첫 발걸음을 내딛었다. 발은 푹푹 빠지고 가방은 무거웠지만 이상하게 전혀 힘들지 않았다. 오히려 나도 모르는 어딘가에서 끊임없이 힘이 솟아나는 느낌이었다. 오랜만에 주인을 만나 신난 강아지처럼 나는 신나서 사막을 달리고 있었다. 지금 이 순간 사막에서 가장 신난 사람을 뽑는다면 분명 내가 될 것 같았다. 하지만 이런 신남이 그렇게 오래가지 않을 것이라는 것을 그때의 나는 모르고 있었다.

출발과 함께 신나게 달리기 시작한 나와 참가자들

출발선상(위) - Race Start!(아래)

SAHARA

20km 구간을 넘어가자 체력이 급속도로 저하되는 것이 느껴지기 시작했다. 모래와 자갈이 깔려 있는 사막을 달리는 것은 포장된 도로를 달릴 때와는 확연히 체력소모가 달랐다. 모래로만 이루어진 구간의 경우는 발이 푹푹 빠져 한 걸음 한 걸음이 더 무겁게 느껴졌다. 마치 발목에 커다란 모래주머니를 달고 달리는 것만 같았다. 반면 크고 작은 자갈로 이루어진 구간은 조금만 방심하면 자갈을 밟아 발목을 크게 접질릴 수 있어 주의를 기울이며 달려야 했다. 운동화 속으로는 미세한 모래들이 보이지 않는 틈으로 끊임없이 들어와 발걸음을 불편하게 만들었다. 신발을 벗어 모래를 털어 내는 것을 몇 번이고 반복했지만 어느 순간 운동화 속은 미세한 모래들로 가득 차 있었다. 신발에 모래가 들어오는 것을 막아 주는 덮개인 '게이터'를 착용했지만 무용지물이었다.

달리는 속도는 처음에 비해 눈에 띄게 느려졌고 어느 순간부터는 대부분의 구간을 빠르게 걷고 있었다.

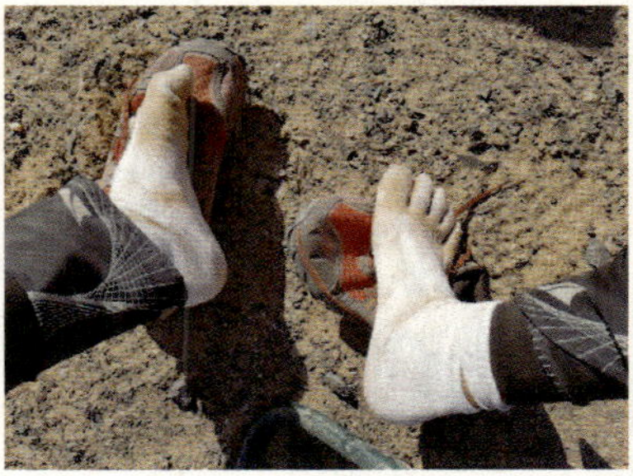

사막 마라톤이라고 하면 경기의 전체 일정을 모두 달려야만 한다고 생각할 수 있는데 꼭 그런 것은 아니다. 순위권을 노리는 선두그룹의 경우는 전체 구간을 쉬지 않고 달리기도 하지만 보통은 걷고 달리는 것을 본인의 체력에 맞게 적절하게 안배해 경기를 운영하게 된다. 나 또한 그러한 선수들 중 한 명이었다. 그렇다면 전 구간을 걷기만 해도 250km의 사막 마라톤을 완주할 수 있을까? 대답은 '가능하다'이다. 하지만 우리가 일반적으로 걷는 속도로 걷는다면 완주는 불가능하다. 대회 규정에는 컷오프 타임이 존재하기 때문에 마냥 여유 있게 걷는다면 컷오프 타임에 걸려 실격을 당하게 되기 때문이다. 전 구간을 걷는 것으로만 완주하기 위해서는 경보 경기를 하는 수준으로 쉬지 않고 빠르게 걸어야 한다. 그렇지만 일반적으로 우리가 생각하는 포장된 도로가 아닌 모래와 자갈이 있는 사막에서는 뛰는 것만큼이나 걷는 것도 만만치 않은 일이었다.

한국팀의 선수들 중에도 대부분의 구간을 달리는 체력이 좋은 선수도 있었지만 나처럼 달리기도 하고 걷기도 하는 사람들이 많았다. 달리는 비중보다는 걷는 비중이 높다 보니 자연스레 전체 경기 순위는 뒤쪽으로 밀릴 수밖에 없었다. 그래도 어느 누구도 뒤처진 순위에 조바심을 느끼거나 순위에 연연하지 않았다. 모두들 사막을 달리고 있는 지금 이 순간을 후회 없이 즐기고 있었다. 사전에 같이 가자는 약속을 하지 않았지만 속도가 비슷한 선수들이 모인 후미 그룹이 자연스럽게 형성되었다. 속도가 비슷하다 보니 후미 그룹의 선수들끼리는 많은 이야기를 나누며 사막을 걸을 수 있었다. 경기 시작 전 우스갯소리로 경기 중 낙오하는 경우 낙타가 그 낙오자를 태우고 올 것이라는 이야기를 했었다. 그래서 우리는 낙타와 맨 마지막을 함께 걷게 되는 한이 있더라도 절대 포기는 하지 말자고 이야기하며 우리 후미 그룹을 '낙타파'로 이름 붙였다. 6박 7일간 함께할 한국팀의 낙타파가 형성되는 역사적인 순간이었다.

낙 타 파

경기를 하는 동안 아침과 저녁에는 텐트가 있는 베이스캠프에서 뜨거운 물을 공급 받아 전투식량으로 식사를 해결할 수 있다. 하지만 사막 위에서 경기를 하고 있는 점심때는 뜨거운 물을 공급 받을 수 없었다. 그래서 초코바, 젤리, 육포, 에너지 젤 등 움직이면서 먹을 수 있는 일명 '행동식'으로 끼니를 때워야 했다. 사막을 달리며 가장 기온이 높은 시간이기도 한 점심때는 사막의 무더위로 인해 입맛이 사라지는 때이기도 했다. 계속해서 물을 마시고 있긴 했지만 사막의 이글거리는 태양 아래에서 입이 바짝바짝 말라 가는 것은 어쩔 수 없었다. 점심때가 되면 항상 입맛이 없었지만 그렇다고 아무것도 먹지 않을 수는 없었다. 사막 마라톤에서 음식을 통해 칼로리를 보충하는 일은 굉장히 중요한 일이다. 입맛이 없더라도 입에 무엇인가를 넣으면 신기하게도 금세 힘이 나는 것을 느낄 수 있었다. 생물시간에 배웠던 음식이 소화돼 신체를 움직이게 하는 에너지가 된다는 사실을 온몸으로 체감할 수 있었다.

첫날의 코스를 무사히 완주하고 텐트가 있는 베이스캠프에 도착했다. 가방을 내려놓다가 가방 끈이 손목에 살짝 스쳤는데 갑자기 피부에 쓰라린 통증이 느껴졌다. 얼굴은 모자와 선글라스 등으로 잘 가렸지만 옷의 틈새로 노출된 무릎과 손목은 사막의 작열하는 태양에 무방비로 노출되어 있었다. 자외선 차단제도 얼굴에만 열심히 발랐지 옷의 틈새 부분은 미처 신경쓰지 못했었다. 강렬한 사막의 자외선에 노출된 피부는 반나절 만에 검붉은 빛으로 물들어 있었다. 일광화상을 입은 것이다. 사막에서의 태양은 지금까지 살면서 경험한 여느 햇빛과는 차원이 달랐다. 경기 첫날 얻은 팔목과 무릎의 화상은 일주일간의 경기 내내 쓰라림으로 나를 괴롭혔다.

텐트 안에는 이미 먼저 경기를 마치고 들어온 많은 선수들이 휴식을 취하고 있었다. 후미 그룹으로 완주하긴 했으나 오늘 하루를 돌아보니 생각했던 것보다 선방했다는 생각이 들었다. 하지만 하루로 끝나는 경기가 아니었기 때문에 섣불리 안심하기에는 너무 많은 날들이 남아 있었다. 전체 일주일의 경기기간 중 이제 단 하루만이 지났을 뿐이었다. 텐트 밖에는 어제 저녁 시간 때와는 상반되게 나와 있는 선수들을 거의 볼 수 없었다. 내일의 일정을 위해 다들 휴식을 취하러 일찍 텐트에 들어간 것이다. 나도 저녁만 간단히 먹고 바로 텐트로 들어가 간단한 정비를 하고 쓰러지듯 잠을 청했다.

4

진통제 투혼이 시작되다

둘째 날 아침, 눈을 뜨고 몸 상태를 체크했을 때 비로소 뭔가 문제가 생겼음을 알게 되었다.

전신에 근육통이 심하게 느껴졌다. 밤새 자는 동안 누군가에게 온몸을 두들겨 맞은 것 같았다. 하지만 진짜 문제는 근육통이 아니었다. 왼쪽 무릎을 굽히거나 펼 때 날카로운 통증이 느껴졌다. 15kg에 가까운 가방을 메고 사막을 달리는 일은 어깨뿐만 아니라 무릎에도 큰 무리가 된 것이다. 출발 전 부상에 대비해 챙겨 왔던 무릎보호대로 무릎을 꽉 조여 맸다. 출발한지 얼마나 됐을까, 처음에는 좀 괜찮은가 싶더니 한 걸음 한 걸음을 땅에 내딛을 때마다 왼쪽 무릎의 통증이 더욱 심하게 느껴졌다. 울퉁불퉁한 자갈과 푹푹 빠지는 사막의 모래는 무릎의 상태를 빠른 속도로 악화시키기에 충분했다. 지속되는 날카로운 무릎의 통증에 결국 달리던 발걸음을 멈춰 가방 속에서 진통제를 꺼내 들고 입에 곧장 털어 넣었다.

사실 통증은 사막 마라톤에서 흔히 선수들이 마주하게 되는 것들 중 하나이다. 극한의 체력과 정신력을 요하는 사막 마라톤에서는 심심치 않게 부상이라는 불청객이 선수들을 찾아오기 때문이다. 오죽하면 대회 참가를 위한 필수 물품에 진통제가 포함돼 있을 정도였다. 하지만 문제는 진통제를 먹게 된 시기였다. 250km를 달리며 언젠가는 진통제를 찾게 될 것이라고 생각했지만 경기가 시작된 지 이틀 만에 진통제를 찾게 될 줄은 전혀 예상하지 못했다. 생각보다 빨리 진통제를 먹게 된 지금의 상황에 갑자기 두려움이 몰려왔다. 이제 총 250km의 전체 구간 중에서 이제 고작 50km를 지나왔을 때였다.

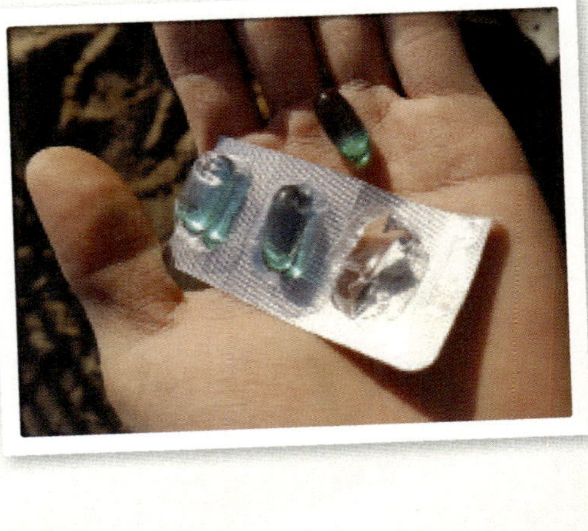

'앞으로 남은 200km의 사막을 과연 불편한 다리로 진통제에 의지해서 버텨 낼 수 있을까?'

처음 사막 마라톤을 준비할 때는 경기에 참가한 수많은 사람들 중 극소수만이 완주의 기쁨을 만끽할 수 있을 것이라 생각했었다. 하지만 사막 마라톤의 완주율은 경기의 난이도에 비해 생각보다 높은 편이다. 처음에는 엄청난 체력과 정신력을 요구하는 사막 마라톤이 왜 이렇게 높은 완주율을 보이는지 의아했다. 하지만 사막 마라톤을 참가하게 되면서 높은 완주율에 대한 해답을 찾을 수 있었다. 일단 일반적으로 어느 정도 운동과 마라톤을 즐기고 꾸준히 해 왔던 사람들이 경기에 참가하게 된다. 그리고 사막 마라톤을 위한 필수 준비 물품 및 장비, 항공료, 참가비 등의 적지 않은 비용을 감당하며 경기에 참가할 정도면 사막 마라톤에 대한 열정과 의지 또한 보통은 아닐 것이다. 실제로 경기에 참가한 많은 선수들은 모두들 에너지와 투지가 넘쳤다. 게다가 이야기를 나눠 보니 많은 사람들이 이미 한 번 이상 이번 대회와 비슷한 장거리 사막 마라톤 대회에 출전한 경험이 있는 베테랑들이었다. 경기의 완주율이 높은 것은 대회의 난이도가 낮아서가 아닌 참가한 선수들의 체력과 정신력이 뛰어나기 때문이었다.

어쩔 수 없이 경기를 중도 포기해야 하는 상황이 있다면 그중 가장 큰 이유는 바로 부상일 것이다. 내가 사막을 달리며 가장 우려했던 상황 또한 부상을 당하는 것이었다. 출발 전 피치 못 할 부상만 아니라면 네발로 기어서라도 기필코 경기를 완주하리라 다짐했었다. 경기 전에는 돌부리에 걸려 넘어지거나 발을 접질리는 일이 생겨야만 부상을 당한다고 생각했었다. 하지만 그저 사막에서 오랜 시간 달리는 것만으로도 부상을 당할 수 있다는 것을 그제야 알게 되었다. 지금의 내 몸과 무릎이 그랬다. 우려했던 상황이 이틀 만에 현실이 되어 나에게 찾아왔다. 다행히 진통제를 먹고 얼마간의 시간이 지나자 약의 효과가 나타나기 시작했다. 무릎의 통증은 사그라졌지만 좀처럼 걷는 속도가 나지 않았다. 어제의 신난 강아지처럼 달리던 내 모습은 만 하루 만에 그 어디에서도 찾아볼 수 없게 되었다.

"Well done~!"

갑자기 어딘가에서 누군가가 큰 소리로 나를 향해 외쳤다. 고개를 들어 보니 저 멀리 CP*에서부터 들려오는 봉사자들의 응원 소리였다. 기운 하나 없이 기진맥진한 상태였는데 그들의 파이팅 넘치는 응원에 신기하게 정말 힘이 났다. 대회에 참가한 많은 선수들과 마찬가지로 이들 또한 누군가가 시켜서 온 것이 아닌 그저 사막과 열정 넘치는 사람들을 보

응원하는 자원봉사자

* CP(Check Point): 약 10km 지점마다 필요한 양의 물을 채울 수 있는 간이 쉼터

Check Point

는 것이 좋아 봉사활동을 위해 사비를 들여 이곳에 온 사람들이었다. 봉사자들은 대회의 운영을 도와주는 스텝으로 참가해 경기 전반의 많은 부분들이 순조롭게 진행되도록 도와주는 감사한 분들이었다. 항상 CP에 도착할 때마다 들려오는 그들의 응원 소리는 대회를 하는 동안 늘 커다란 힘이 되었다.

경기 중간 중간에 있는 CP에서 보통은 물통에 물을 채우며 그늘에서 조금씩 휴식을 취한다. 하지만 오늘은 잠깐 CP에 앉아 쉴 만큼의 여유도 좀처럼 나지 않았다. 5분 정도의 달콤한 휴식을 뒤로한 채 다시 서둘러 발걸음을 재촉했다. 속도가 굉장히 떨어져 있는 지금의 상황에서는 잠깐이라도 쉴 시간에 한 걸음이라도 더 많이 걸어야만 했다. 시계를 보면서 최대한 속도와 페이스를 유지하며 걷기 위해 노력했다. 무엇인가에 쫓기듯 마음이 계속 불안해졌다. 시간이 지날수록 나는 결승선에 가까워지고 있었지만 동시에 컷오프 타임 또한 바로 내 뒤에서 나를 따라오고 있었다. 어제는 여유 있게 느껴졌던 컷오프 타임이 오늘은 전혀 다르게 느껴졌다. 그렇다고 어제에 비해 컷오프 타임이 짧아진 것도 아니었다. 달라진 게 있다면 내 몸 상태와 걷는 속도였다.

나와 함께 낙타파 멤버였던 채울이와 광훈이도 사정은 마찬가지였다. 모두들 무릎, 발목, 어깨 등 여러 신체 부위에서 통증을 느끼고 있었다. 다들 챙겨 온 진통제를 틈틈이 먹으며 사막을 달렸다. 사막 마라톤은 생각보다 더 만만치 않았다. 나와 마찬가지로 모두들 컷오프를 당해 탈락되는 것을 걱정하고 있었다. 내리쬐는 뜨거운 햇빛과 타들어 가듯 이글거리는 모래 위를 달리는 선수들의 모습이 마치 거대한 자연에 맞서 싸우고 있는 것 같아 보였다. 하지만 사막은 이방인인 우리를 쉽게 허락하고 포용해 주지 않는 듯했다. 선수들은 고군분투하며 빠르진 않지만 끊임없이 발걸음을 앞으로 내딛고 있었다. 거대한 모래언덕 위

에 흩뿌려지듯 흩어져 있는 선수들이 작은 점처럼 보였다. 나 또한 그들과 다르지 않으리라. 대자연 앞에서 '나'의 존재는 작디작은 하나의 점에 불과했다.

첫째 날 사막의 태양에 일광화상을 입은 팔목과 무릎은 여전히 검붉은 색을 띄고 있었다. 하루가 지나면서 피부 위로 쌀알 크기의 조그마

한 수포들이 올라왔다. 움직일 때마다 쓰린 통증이 팔목과 무릎에 찾아왔다. 첫날의 교훈으로 오늘은 피부가 직접적으로 태양에 노출되는 부위가 없도록 완전무장을 하고 선크림도 겹겹이 덧발랐다. 완전무장을 통해 자외선은 피할 수 있었지만 사막의 열기만큼은 조금도 피할 수 없었다. 경기를 하는 내내 끊임없이 몸으로부터 땀이 흐르고 마르기를 반복했다. 빠르게 수분이 증발하는 건조한 사막의 환경 탓에 온몸에서 얼마나 많은 땀이 흘러나왔는지 예상조차 할 수 없었다. 마치 지금 마시고 있는 물이 식도를 거치지 않고 곧장 피부로 빠져나가고 있는 것처럼 느껴졌다.

혼신의 힘을 다해 달리고 걷고를 반복해 다행히 주최 측에서 제한한 컷오프 타임 전에 간신히 둘째 날의 결승선을 통과할 수 있었다. 경기를 마치고 이렇게 가다가 자칫 잘못하면 정말 컷오프로 탈락될 수도 있을 것 같다는 아찔한 생각이 들었다. 오늘은 정말 컷오프 타임에 하루 종일 쫓기듯 달렸던 것 같다. 앞으로의 남은 날들이 진지하게 걱정되기 시작했다. 지금까지 나름대로 최선을 다해 사막 마라톤을 준비해 왔는데 이틀 만에 탈락의 위기가 찾아오다니 이런 현실이 믿겨지지 않았다. 그래도 내심 완주할 수 있을 것이라는 기대가 컸는데 현실은 만만치 않았다. '완주'는 저 멀리 모래언덕 뒤에 본체를 숨긴 채 신기루처럼 희미하게 눈앞에 아른거리고 있었고, '탈락'이라는 녀석은 내 바로 뒤까지 쫓아와 방심하는 순간 금방이라도 나를 잡아챌 것만 같았다.

사생결단, 가방을 비워라

둘째 날 경기를 마치고 돌아온 텐트 안에서 많은 생각이 들었다.

어제 오늘 달린 거리를 모두 합쳐도 이제 겨우 전체 250km 중 절반도 안 되는 거리인 80km이었다. 어깨는 배낭의 무게에 짓눌려 빨갛게 달아올라 퉁퉁 부어 있었다. 팔을 들면 근육이 찢어지는 듯한 통증이 느껴져 팔을 제대로 들어올릴 수 없었다. 오늘 아침부터 상태가 좋지 않은 왼쪽 무릎의 영향으로 무게 중심이 반대쪽으로 쏠린 탓에 상태가 괜찮았던 오른쪽 발목에도 통증이 찾아왔다. 이 상태로는 당장 내일 하루를 버틸 수 있을지에 대한 확신도 서지 않았다. 아마도 내일 아침 눈을 떴을 때는 지금보다 몸 상태가 더 안 좋아져 있을 것이다. '만약에 아침에 눈을 떴을 때 다리가 움직이지 않으면 어떡하지?' 갑자기 덜컥 겁이 났다. '과연 내일 저녁에도 나는 무사히 경기를 완주하고 이렇게 텐트에 도착할 수 있을까?'

더 이상 걱정만 하고 있을 수는 없었다. 무엇인가 결단이 필요한 시점이었다. 우선 가방의 무게를 줄이는 것이 급선무였다. 가방의 무게가 조금이라도 가벼워져야 무릎과 몸이 받는 하중이 줄어들 것이다. 가방의 무게를 줄이기 위해서 가장 만만한 것이 바로 식량이었다. 가방에는 아직 남은 대회 일수만큼의 5일치 식량이 남아 있었다. 하지만 마지막 날까지 내가 경기를 지속할 수 있을지 확신할 수 없었다. 만약 중도 포기를 하게 된다면 배낭 속에 남은 음식들은 나에게 더 이상 아무런 의미도 없게 될 것이다. 일단 내일 하루를 살아남는 것이 나에게는 최우선이라는 생각이 들었다. 그러자 미친 듯 가방에 있는 음식들과 조금이라도 불필요하다고 생각되는 물건들을 추려 내기 시작했다. 필사적으로 가방의 무게가 가벼워지도록 필요 없는 것들을 모조리 가방으로부터 덜어 쓰레기통에 던져 넣었다.

그중에는 앞으로 먹어야 할 2일치의 식량도 포함되어 있었다. 분명히 경기가 끝으로 갈수록 식량이 부족하게 될 것이 뻔했지만 그때 굶으면서 달리는 한이 있더라도 지금으로서는 이것이 나에게는 최선의 방법이었다. 당장 내일 하루를 살아남는 것이 중요했다. 뒷일은 그때 가

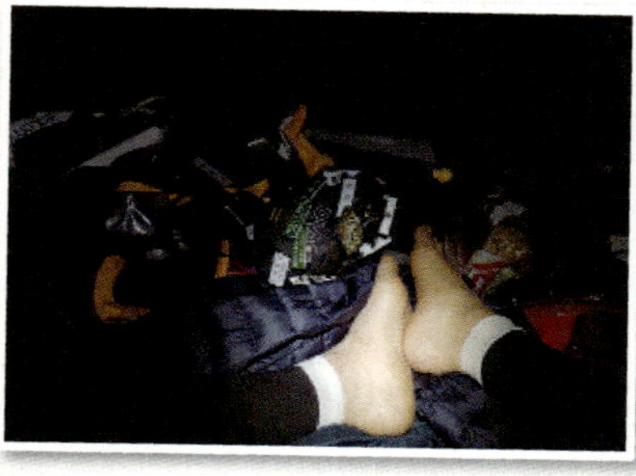 

서 생각하면 될 일이었다. 그렇게 무엇인가에 홀린 듯 음식과 물건들을 덜어 내자 가방이 그 전에 비해 많이 가벼워졌다. 사실 처음 짐을 꾸리며 식량을 준비할 때 나는 욕심을 부렸었다. 먹는 게 남는 것이라는 생각에 남들보다 더 많은 식량을 챙겨왔고 당연히 가방도 남들보다 더 무거웠다. 음식은 먹으면 줄어드는 무게라 금방 먹어치우면 큰 상관이 없을 것 같았다. 하지만 내가 간과한 것이 있었다. 식량을 먹어 가방의 무게가 가벼워지는 것 그 이상으로 내 몸은 경기가 진행될수록 더욱 무거워진다는 점이었다. 하루하루가 지날수록 몸은 천근만근 무거워져만 갔기 때문에 가방이 가벼워지는 것을 전혀 느낄 수 없었다.

경기 시작 전 이미 사막 마라톤을 여러 번 참가한 베테랑 선수와 모닥불에서 이야기를 나눈 적이 있다. 그때 내 가방의 무게를 들은 그 선수는 눈이 휘둥그레졌다. 내 가방은 15kg이었는데 그 친구는 한눈에 보기에도 작은 10kg의 가방을 가지고 있었다. 그러면서 무게가 늘어날수록 경기는 더욱 힘들어질 것이라는 충고를 나에게 해 주었다. 그때 나는 '조금 무거워도 더 든든하게 먹고 달리면 되는 것 아닌가?'라고 생각하며 그의 말을 한 귀로 듣고 흘려버렸었다. 결론부터 말하자면 그가 맞았다. 나는 욕심을 부려 필요 이상으로 많은 식량을 챙겨 왔고 그로 인해 늘어난 가방의 무게가 내 온몸을 짓눌러 빠르게 몸을 망가트렸다. 처음부터 그의 말을 듣고 욕심을 버렸다면 아마 이렇게까지 몸이 망가지지 않았을지도 모른다. 살아가면서 때로는 자신의 고집과 욕심을 내려놓고 나보다 먼저 경험한 사람들의 충고와 조언을 겸허히 받아들일 줄도 알아야 한다.

3일차 역시 40km를 달려야 했다. 몸 상태가 그렇게 달라진 것은 없었지만 어제 굳은 결심을 해서인지 아니면 가방의 무게가 한결 가벼워져서인지 생각보다 무난하게 경기를 시작할 수 있었다. 여전히 10km마다 진통제를 한 알씩 입에 털어 넣으며 달렸지만 지금의 상태에서 더 이상 악화되지만 않는다면 앞으로 남은 날들을 어떻게든 버텨 볼만 할 것만 같았다. 하지만 진짜 문제는 바로 내일이었다. 경기 4일차인 내일은 80km를 무박으로 잠을 자지 않고 달려야 하는 롱데이 날이었다. 지금까지 넘어온 산이 작은 언덕이라고 비유하자면 내일의 롱데이는 커다란 산을 의미했다. 하지만 그것도 오늘의 경기를 무사히 완주해야만 경험할 수 있는 일이었다.

사막이라고 하면 끝이 보이지 않을 정도로 펼쳐진 모래언덕만을 떠올릴 수 있지만 이번 코스에서 내가 만난 사막은 그런 고정관념을 한 번에 날려 버렸다. 오늘 달리는 코스는 사막 바로 옆으로 푸른 대서양의 드넓은 바다가 펼쳐져 있었다. 처음에는 날이 너무 더워 헛것을 보고 있는 게 아닌가 하는 생각이 들 정도였다. 하지만 눈앞에 있는 것은 진짜 바다였다. 바다의 거친 파도가 사막과 만나 하얗게 부서지는 모습으로부터 대자연의 신비함이 느껴졌다. 대서양의 바닷바람과 파도 소리를 느끼며 사막을 달리는 것은 이색적이다 못해 비현실적인 경험이었다. 내가 아프리카 사막에서 가장 처음 만난 동물은 사자도, 얼룩말도 아닌 바로 물개였다. 저 멀리 해안가에는 셀 수 없을 만큼 많은 물개

사막 해안가에서 만난 물개

들이 살고 있었다. 사막에서 물개를 만날 수 있을 것이라고 누가 상상이나 했겠는가? 대회에 참가한 선수들은 다들 코스를 벗어나 더 먼 길을 돌아가면서까지 사막에서 만난 기이한 진풍경을 보기 위해 해변으로 몰려들었다.

사막과 연결된 해변에는 형체를 알 수 없는 수많은 동물의 뼈와 많은 물개들의 사체가 흩뿌려져 있었다. 귀여운 물개들을 보다가 마주한 광경에 섬뜩한 느낌이 들었다. 현지인에게 듣기로는 사막에는 많은 자칼들이 서식하고 있는데 아마도 그들이 만들어 놓은 흔적들일 거라고 했다. 뒤늦게 알게 되었는데 우리가 달린 곳에서 차로 몇 시간 떨어진 곳에서는 실제로 야생 사자가 출몰하는 곳도 있다고 했다. 아프리카에

사막에서 본 물개의 사체(왼쪽)와 스프링복(오른쪽)

서 사막을 달리는 것뿐만 아니라 아프리카의 수많은 야생동물들을 보는 것 또한 내가 꿈꿔 왔던 것이었지만 사자를 만날 수도 있다는 이야기를 듣자마자 뒷목이 서늘해졌다.

앞을 바라보니 2일차부터 낙타파 멤버로 합류한 태훈이가 성큼성큼 앞으로 걸어가고 있었다. 태훈이는 1년 전 사막 마라톤에 도전했다가 완주에 실패한 쓰라린 경험이 있는 친구였다. 첫 번째 도전한 사막 마라톤에서는 인대가 파열되는 심각한 부상을 입어 완주하지 못했다고 한다. 대회를 포기한 날 태훈이는 홀로 텐트에 들어가 하루 종일 눈물을 흘렸다고 한다. 하지만 포기하지 않고 언젠가는 다시 도전하리라 굳은 결심을 했고 결국 이번 대회에 참가하게 된 것이었다. 사막 마라톤에 출전하기 위해 준비해야 하는 과정과 금액 등 막대한 시간과 노력을 잘 알기 때문에 태훈이의 도전이 더욱 대단하고 멋있게 보였다. 포기하지 않고 다시 도전할 수 있는 용기는 아무나 가질 수 있는 것이 아니다.

사막 마라톤에 재도전한 태훈과 함께

나보다 나이가 어린 동생이었지만 태훈이를 보며 느끼는 점이 많았다. 결론부터 말하자면 결국 태훈이는 이번 대회를 멋지게 완주해 냈다.

사막을 달린다고 하면 아름다운 사막을 감상하며 멋지게 달려나가는 것을 상상할 수 있겠지만 현실은 꼭 그렇지만은 않다. 가만히 서 있기만 해도 온몸에 땀이 비 오듯 흐르는 곳이 바로 사막이다. 그런 곳에서 하루 40km 이상을 걷고 달리는 것은 절대 낭만적이지만은 않았다. 이상과 현실은 항상 괴리감이 있는 법이다. 사막의 풍경은 충분히 아름다웠지만 그 풍경을 감상할 만한 힘이 나지 않았다. 고개를 돌리는 간단한 행위를 하는 것도 나에게는 쉽지 않게 느껴졌다. 너무 덥고 지쳐 고개를 푹 숙인 채 땅만 쳐다보며 터덜터덜 앞으로 걸어가고 있었다. 머릿속에는 앞으로 남은 대회를 잘 버텨 낼 수 있을지에 대한 걱정에서

비롯된 복잡한 생각들이 가득했다. 그때 누군가가 모래 위에 쓴 글씨가 눈에 들어왔다. 모래 위에는 'GO'라는 한 단어가 쓰여 있었다. 그저 앞으로 가는 것. 그것이 지금 내가 할 일이었다. 복잡한 생각과 걱정은 지금 아무리 많이 해 봐야 아무런 도움도 되지 않는 것이었다. 지금은 당장 한 걸음이라도 더 앞으로 나가는 것에 집중해야 했다. 목표를 이루기 위한 가장 좋은 방법은 걱정하고 고민하는 것이 아닌 그저 묵묵히 목표를 향해 앞으로 가는 것이었다.

GO

사막 마라톤에서 가장 두려웠던 것

사하라 사막 마라톤의 하이라이트라고 불리는 롱데이 날이 밝았다.

롱데이는 이틀간 무박으로 쉬지 않고 80km의 사막을 달려야 하는 날이다. 일주일간의 전체 경기 일정 중 가장 극한의 한계를 느낄 수 있는 무시무시한 구간이기도 하다. 앞선 3일 동안 하루 평균 40km 이상을 달렸기 때문에 이미 온몸 구석구석이 멀쩡한 곳이 없었다. 무거운 배낭 탓에 어깨는 살짝 건드리기만 해도 통증이 느껴질 정도로 빨갛게 퉁퉁 부어 있었고 무릎과 발목, 허리를 조금만 움직여도 온몸에 있는 세포 하나하나가 비명을 질러 대는 것 같았다. 사막을 달린지 3일 만에 온몸이 만신창이가 되어 있었다. 출발선을 나서며 진통제 한 알을 입에 털어 넣었다. 이제 진통제를 먹어도 통증이 완전히 사라지진 않았다. 하지만 진통제를 먹지 않으면 당장 한 걸음을 뗄 수 없을 정도로 심한 통증이 느껴졌기 때문에 진통제는 더 이상 선택이 아닌 필수가 되었다.

출발선을 나서 걷기 시작한지 한참이나 지났는데도 전혀 몸이 풀릴 생각을 하지 않았다. 이상하게 오늘은 다른 날보다 더 힘들고 몸이 천근만근 무겁게 느껴졌다. 지금까지 쌓인 피로 때문이겠거니 하며 첫 번째 CP에 도착해서 온도계 눈금을 확인하는 순간 두 눈을 의심하지 않을 수 없었다. 땅이 달궈지며 하루 중 가장 기온이 높은 오후 시간이 되려면 아직 멀었는데도 불구하고 온도계의 눈금은 40도를 훌쩍 넘어 50도를 향해 달리고 있었다. 이제야 왜 유독 더 힘들게 느껴졌는지에 대한 이유를 알 것 같았다. 온도계는 누군가와 경쟁이라도 하는 듯 시간마다 그 시간대의 최고 기온을 갱신하고 있었다. 쉽게 표현하자면 선수들은 사막이라는 거대한 불가마 속에서 레이스를 펼치고 있었다.

첫 번째로 도착한 CP 안의 풍경은 거의 난민수용소와 다를 게 없었다. 많은 선수들이 한낮의 뜨거운 태양을 피하기 위해 사막의 유일한 그늘인 CP 천막 안으로 몰려들었다. 이곳저곳에 널브러져 있는 선수들은 전의를 잃고 도망쳐 온 패잔병 같아 보이기까지 했다. 선수들의 옷 위에 넓게 퍼져 있는 새하얀 소금기가 사막의 더위를 한 번 더 실감나게 했다. 어느 누구도 다음 CP를 향해 출발하고 싶지 않아 보였다. 모두들 제 발로 다시 뜨거운 태양과 맞설 용기가 나지 않는 듯했다. 대회 주최 측에서도 폭염을 의식하여 최대한 그늘에서 휴식을 취하고 컨디션 조절에 유의하라고 당부했다. 또한 출발하기 전 선수들이 충분한 양의 물을 가지고 있는지에 대해서도 철저하게 검사했다.

햇빛을 피해 그늘에 누워 있으니 온몸이 나른해져 금방이라도 졸음이 몰려올 것만 같았다. 하지만 한정 없이 이곳에서 쉬다 보면 나중에 제한시간 내에 들어오지 못해 실격될지도 모른다는 불안한 생각이 들었다. 그늘에서의 휴식은 달콤했지만 언제까지나 이곳에서 있을 수는 없었다. 다음 CP로 출발하기 전 다시 신발 끈을 바짝 조여 매고 가지고 있는 물통에 물을 한가득 채웠다. 물통이 달린 양쪽 어깨 끈이 물통의 무게에 축 늘어지면서 어깨를 짓누르는 게 느껴졌다. 쓰라린 통증이 느껴졌지만 이를 악물고 다시금 다음 CP를 향해 무거운 발걸음을 옮겼다. 또다시 그늘 한 점 없이 이글거리는 사막을 맨몸으로 마주해야 할 시간이었다.

더위는 사막 마라톤에 참가한 선수들에게는 큰 변수가 될 수 있는 중요한 요소다. 뜨겁게 달궈진 프라이팬을 걷는 듯 바닥에서는 아지랑이가 피어올라 눈앞의 풍경은 현실감 없이 일그러져 있었다. 숨을 쉴 때마다 들이마시는 공기는 숨이 턱턱 막힐 정도로 뜨거웠고 가방에 넣어둔 초코바와 젤리가 형체를 알아볼 수 없을 정도로 흐물거리고 있었다. 나 또한 사막의 열기에 금방이라도 녹아 버릴 것만 같았다. 가만히

CP 안의 풍경 ⬆

서 있기만 해도 온몸의 땀구멍에서는 끊임없이 비 오듯 땀이 쏟아지고 있었다. 손실된 수분과 전해질을 보충하기 위해 물통에 전해질 알약을 녹여 벌컥벌컥 들이켜 보지만 사막의 열기는 물통 속의 물마저도 뜨겁게 달궈 버렸다. 식도를 타고 흐르는 뜨거운 물에 자꾸만 헛구역질이 났다. 갑자기 머리가 핑 돌면서 금방이라도 눈앞이 흐려질 것만 같았다. 문득 이렇게 가다가 정말 쓰러질 수도 있겠다는 생각이 들었다. 사막 마라톤에서는 많은 양의 땀을 흘리기 때문에 수분과 함께 손실된 전해질을 보충해 주는 것이 굉장히 중요하다. 그렇지 않으면 탈수와 함께 신체에 전해질 불균형이 일어나 심한 경우 정신을 잃고 생명까지 잃을 수도 있다. 의식적으로 계속 물을 마시려고 노력했지만 한 모금을 들이킬 때마다 계속해서 헛구역질이 났다. 뜨거운 사막을 달리며 뜨거운 물을 마시는 일은 고역이 따로 없었다. 궁여지책으로 물에 타먹는 전해질 알약을 입에 넣고 알사탕처럼 조금씩 씹어 먹기 시작했다. 그리고 남은 물로 머리와 얼굴, 목을 적셔 체온을 낮추기 위해 필사적으로 노력했다. 지금 내가 달리고 있는 이곳이 아프리카의 뜨거운 사막이라는 사실이 뼈저리게 실감되기 시작했다. 살얼음이 있는 차가운 콜라가 너무나 먹고 싶었다. 살면서 이토록 시원한 콜라가 절실했던 적이 또 있을까?

사막의 살인적인 더위

주변을 둘러보니 나뿐만 아니라 다른 참가 선수들 또한 더위와 치열한 사투를 벌이고 있었다. 바로 옆에서 걷고 있는 서양인 참가자는 땅을 주시하며 걷는 모습이 금방이라도 끊어질 것 같은 위태위태한 외줄타기를 하고 있는 것 같아 보였다. 얼마 지나지 않아 결국 그는 사막의 더위를 이기지 못하고 주최 측 차량에 경기 포기 의사를 밝혔다. 한눈에 보기에도 온몸이 붉게 달아올라 더위를 잔뜩 먹은 것 같아 보였다. 체감온도가 50도가 넘어가는 지금의 상황에서는 누가 포기한다고 해도 전혀 이상해 보이지 않았다. 지금까지 걸어온 거리는 10km 남짓, 아직까지 70km를 더 걸어야 기나긴 롱데이가 끝난다. 눈앞으로 경기를 포기한 참가자들을 태운 주최 측의 차량이 지나갔다. 차량 안에는 생각보다 많은 사람들이 타고 있었다. 아마 그들은 베이스캠프로 이동해 짐을 챙겨 처음 묵었던 타운의 호텔로 이동하게 될 것이다.

순간, 경기를 포기하고 호텔로 가게 되는 참가자가 너무 부럽게 느껴졌다. 갑자기 마음속에 있는 작은 악마가 뿌리치기 힘든 달콤한 유혹을 귓가에 대고 속삭이기 시작했다.

'포기하면 편해. 어서 너도 포기한다고 말하고 호텔로 가는 차에 태워 달라고 해. 어느 누구도 포기했다고 널 비난하지 않을 거야.'

정말 그랬다. "Give up."이라는 말 한마디면 나도 편하게 에어컨이 나오는 차를 타고 호텔로 이동해 시원한 콜라를 양껏 먹고 개운하게 샤워도 할 수 있었다. 아무도 나를 이곳에 오라고 강요하거나 시키지 않았다. 사막에 올 때 내 선택으로 왔던 것과 마찬가지로 포기하는 것 또한 전적으로 내 몫이었다. 하지만 지금 이 순간 날 괴롭히는 살인적인 더위, 육체적 고통, 일주일간 씻지 못해 땀과 모래 범벅이 된 찝찝함보다 스스로가 '포기'라는 단어를 내뱉는 것이 더 무섭고 두려웠다. 포기한다면 지금 당장 몸은 편해질지 모른다. 하지만 그렇다고 해서 지금 눈앞에 마주한 상황과 맞서지 않고 도망치고 싶지 않았다.

메고 있던 가방을 바닥에 내려 놓고 가방에 달려 있는 수많은 명찰들의 이름을 하나하나 읽어 내려갔다. 문득 지금 이 순간 나는 혼자 사막을 달리고 있지 않다는 것을 알게 되었다. 나를 믿어 주고 응원해 주는 수많은 분들과 함께 사막을 달리고 있었던 것이다. 내 꿈을 믿고 응원해 주신 많은 분들이 떠올랐고 소아암 환우들의 환한 미소를 꼭 지켜 주고 싶었다. 더 이상 나약해질 수는 없었다. 광활한 사막에 홀로 남겨

진 지금의 내가 할 수 있는 일이라고는 포기하지 않고 한 발 한 발을 앞으로 내딛는 것뿐이었다.

그늘이라고는 찾아볼 수 없는 사막의 태양은 포기를 종용하듯 더 야속하게 내리쬐고 있었다. 총 7일간의 경기 일정 중 가장 뜨거웠던 롱데이 날, 반나절 만에 100여 명의 참가자 중 15명이 더위를 이겨 내지 못하고 의료진의 신세를 지며 탈락의 고배를 마셔야만 했다.

잊을 수 없는 롱데이의 밤

6박 7일간의 사막 마라톤을 하면서 여러 가지 힘든 부분이 많았는데 그중 커다란 한 가지를 꼽으라면 바로 음식이었다.

사람이 살지 않는 척박한 사막에는 음식점이나 자판기 따위가 있을 리 없었다. 만일 있다고 해도 대회 규정상 외부의 원조를 받는 것은 엄격하게 금지되기 때문에 이용하는 것이 불가능하다. 대회 주최 측에서 지급해 주는 것은 생존을 위한 최소한의 물이 전부였다. 그렇기 때문에 참가 선수들은 일주일간 본인이 먹어야 할 19끼니 분량의 모든 식량을 스스로의 가방에 짊어지고 달려야 한다. 250km의 사막을 달려야 함에 있어 가방의 무게는 선수들에게 굉장히 중요하다. 한두 걸음을 걸을 때는 모르지만 사막에서 매일 마라톤 풀코스에 상당하는 거리를 달리는 선수들에게는 작은 무게의 차이도 확연하게 몸으로 체감되기 마련이다.

대부분의 선수들은 1g이라도 가볍게 가방을 꾸리기 위해서 거의 모든 식량을 수분이 없는 전투식량(동결건조 식품) 혹은 라면 등으로 준비한다. 수분이 포함된 음식은 동결건조 식품에 비해 무게가 배로 많이 나가기 때문이었다. 전투식량은 끼니때마다 뜨거운 물을 붓기만 하면 빠르게 조리되기 때문에 간편하고 부피도 작아 가방에 넣고 다니기 편리하다는 장점도 있었다. 그래서 나도 일주일 동안 먹을 모든 식량을 전투식량으로 준비해 갔다. 하지만 대회기간 동안 하루 삼시 세끼를 전투식량으로만 먹다 보니 생각보다 빨리 물리기 시작했다. 나름대로 질릴 것을 대비해 여러 가지 맛의 전투식량을 준비했지만 몇 번 먹다 보니 다 비슷한 맛으로 느껴지기 시작했다. 군복무를 했을 때도 이렇게

까지 전투식량을 자주 먹진 않았던 것 같다. 전투식량으로만 끼니를 때우다 보니 음식을 먹고는 있지만 제대로 먹은 것 같지 않은 그런 공허한 느낌이 식사 후에도 지속됐다.

설상가상으로 매일의 체감온도가 40도가 훌쩍 넘어가는 무더운 사막에서의 강도 높은 마라톤으로 인해 육체적 피로가 쌓이면서 입맛까지 싹 사라져 버렸다. 특히 태양이 가장 뜨겁게 지면을 달궜던 4일차 롱데이 구간에서는 입맛이 없다 못해 아무런 음식도 먹을 수 없는 지경에 이르렀다. 물만 마셔도 속이 울렁거리고 구역질이 날 것만 같았다. 아무래도 한낮의 폭염으로 인해 더위를 단단히 먹은 듯했다. 발이 푹푹 빠지는 모래에서 하루 종일 걷고 뛰고를 반복하는 것은 칼로리 소모가 엄청났기 때문에 지속적으로 허기가 느껴지긴 했지만 이상하게도 어떤 음식도 먹고 싶지 않았다. 바짝 마른 입속에서 느껴지는 것이라고는 서걱거리는 모래의 질감뿐이었다.

문득 생각해 보니 오늘 하루 동안 물 이외에는 제대로 먹은 것이 아무것도 없었다. 배가 너무 고팠지만 이상하게도 입맛은 전혀 없었다. 하지만 쓰러지지 않기 위해서는 무엇이든 먹어야만 했다. 가방 구석에서 비상식량으로 가지고 온 육포를 꺼내 입에 구겨 넣고 억지로 씹어 삼켰다. 오늘 먹는 첫 음식이었다. 비록 육포 몇 조각으로 오늘 하루 동안 소모한 칼로리를 채우기에는 턱없이 부족하겠지만 아마 얼마간 움직일 정도의 힘을 만들어 줄 수는 있을 것이다. 사막 마라톤에서 음식은 더 이상 맛의 문제가 아닌 생존의 문제였다. 경기를 이어 나가기 위해서는 무엇이든 꾸역꾸역 입에 집어넣어야만 했다. 그것은 먹는 행위라기보다는 증기기관차가 계속 달릴 수 있도록 화로에 석탄을 공급하는 행위에 더 가깝게 느껴졌다.

하염없이 달리다 바라본 어둑해진 사막의 밤하늘에는 샛노란 반달이 떠 있었다. 정말 샛노란 반달이었다. 그런데 갑자기 밤하늘에 떠 있는 반달이 노란 단무지로 보이기 시작했다. 그리고 곧 바로 노란 단무지로부터 짜장면이 연상되어 사막의 밤하늘을 둥둥 떠다니기 시작했다. 하루 종일 제대로 먹은 게 없어 드디어 헛것이 보이기 시작했나 보다. 분명 입맛이 없다고 생각했는데 짜장면을 생각하니 갑자기 입안에 군침이 잔뜩 고이기 시작했다. 정말 지금 이 순간 눈앞에 짜장면이 있다면 눈 깜짝할 사이에 몇 그릇이든 비워 버릴 자신이 있었다. 누군가가 사막의 모래언덕 위에서 짜장면을 판다면 한 그릇에 10만 원이라 해도 당장 사 먹을 의향이 있었다. 순간 '여기서 선수들을 상대로 짜장면을 판다면 정말 대박이 나지 않을까?'라는 엉뚱한 상상을 했다. 한국으로 돌아가면 무슨 일이 있어도 기필코 가장 먼저 짜장면을 먹으리라 다짐했다.

해가 진 사막은 달빛을 제외하면 한 치 앞도 보이지 않는 칠흑 같은 어둠으로 둘러싸이기 때문에 헤드랜턴으로 앞길을 비추며 달려야 한다. 헤드랜턴에 의존하여 달리다 보니 눈앞의 시야는 밝은 낮보다 훨씬 좁아지게 된다. 멀리 보고 달릴 수 없기 때문에 헤드랜턴의 빛이 닿는 작은 반경 내에서 시선을 집중하며 달려야 했다. 시야가 좁고 주변이 어둡기 때문에 돌부리나 장애물에 걸려 부상을 당할 위험도 상당히 커진다. 그래서 낮보다 더 많은 주의가 필요하고 신경을 더욱 곤두세워야 했다. 또한 밤에는 거리 감각이 무뎌져 낮과 같은 거리를 달려도 체감상 훨씬 길게 느껴졌다. 어둠이 내려앉은 사막을 자그마한 헤드랜턴의 불빛 하나에만 의존해 하염없이 걸으며 생각했다.

'오늘 이 밤의 끝이 있긴 한 걸까?'

롱데이 구간의 악명 높은 난이도는 익히 들어 단단히 마음먹고 있었다. 하지만 무박으로 80km를 달리는 것은 상상했던 것 이상으로 체력적으로나 정신적으로 나를 극한으로 몰고 갔다. 시간이 지나면 지날수록 몸이 점점 마음처럼 움직여 주지 않는다는 것을 느꼈다. 뛰는 것은 고사하고 걷는 속도도 눈에 띄게 느려졌다. 당장 한 걸음을 앞으로 내딛기도 점점 힘들어지고 있었다. 아직 다음 CP에 도착하려면 한참이나 더 가야만 했다. 잠깐 쉬어가기로 마음먹고 발걸음을 멈춰 그 자리에 털썩 주저앉았다. 그리고 어깨를 무겁게 짓누르던 가방을 옆에 벗어 던지고는 모랫바닥 위에 대자로 드러누웠다. 그러자 비현실적인 풍경이 눈앞에 펼쳐졌다. 사막의 밤하늘에는 믿을 수 없을 정도로 많은 별들이 빛나고 있었다. 살면서 이렇게 수많은 별들이 밤하늘을 수놓고 있는 것을 본 적이 있었던가. 처음에는 하얀 구름이 길게 밤하늘을 떠다니는 줄 알았는데 자세히 보니 구름이 아니라 무수히 많은 별들이 모여 만들어 낸 은하수였다. 책에서만 봤던 은하수를 아프리카의 밤하늘에서 두 눈으로 직접 보게 될 줄이야! 은하수는 영어로 'milky way'라고 표기한다. 말 그대로 우유를 뿌려 놓은 길이라는 뜻인데 은하수를 보니 정말 왜 그러한 어원이 생겨났는지 알 것 같았다. 하늘에 누군가가 별이 가득 담긴 우유를 실수로 쏟아 놓은 것 같았다. 지금 이 순간만큼은 값비싼 5성급 호텔이 전혀 부럽지 않았다. 사막에는 5성급 호텔은 없었지만 은하수급 뷰를 가진 푹신한 '모래침대'가 있었다. 당장 한 발을 내딛는 데에만 급급해 땅만 보며 계속 걸었다면 아마 이런 아름다운 광경을 못 보고 지나칠 뻔했다. 문득 우리의 삶과 지금의 상황이 비슷한 것 같다는 생각이 들었다. 직장을 다니며 정신없이 일만 하고 당장 먹고사는 것에 급급해 눈앞에 있는 것들에만 집중하며 사느라 고개만 들면 바로 볼 수 있는 인생의 아름다운 은하수를 놓치고 있는 게 아닐까? 하고 말이다.

풀벌레 소리조차 들리지 않는 고요한 사막의 밤이었다. 드넓은 사막에 온연히 나 혼자만이 누워 있었다. 밤하늘에 떠 있는 수많은 별들은 나를 기준으로 돌아가고 있었다. 지금 이 순간, 세상의 중심은 나였다.

'그래, 내가 내 삶의 주인공이고 내가 세상의 중심이야.'

왜 지금까지 이 사실을 모르고 살아온 걸까? 지금까지 살면서 신경써 왔던 주변의 시선이나 기대는 중요한 것이 아니었다. 이제껏 타인의 시선과 기대를 충족시키기 위해 살아왔다면 지금부터는 내가 진정 내 인생의 주인공이 되어 스스로가 원하는 것들을 하며 살아야겠다는 생각이 들었다. 슬며시 눈을 감고 마음속 깊은 곳에서부터 울려 퍼지는 내면의 목소리에 귀를 기울이고 집중했다. 그날의 사막에는 어린왕자와 사막여우는 없었다. 하지만 그날 나는 사막 한가운데서 그토록 찾아 헤매던 진짜 나를 만날 수 있었다.

포기하지 않는다면

누군가가 사막을 달리는 동안 어떤 생각이 드는지를 묻는다면 나는 이렇게 대답하고 싶다.

"달리고 있는 순간만큼은 너무 힘들어서 아무 생각도 들지 않는다."

정말이었다. 낮에는 체감온도 50도가 넘는 폭염에 시달리고 밤에는 추위와 쏟아지는 졸음을 버텨 내야 했다. 굳이 생각나는 것을 말하자면 다음 CP가 언제 나올지에 대한 생각과 머리가 띵할 정도로 시원한 콜라가 먹고 싶다는 생각 정도일 것이다. 하지만 그 순간순간의 느낌은 몸으로 기억된다. 그리고 어느 순간 머리로 전달되어 무엇인가를 생각하고 깨닫게 된다. 쉽게 말하면 사막이라는 곳은 몸을 움직임으로써 무엇인가를 깨닫고 배울 수 있는 곳이었다.

롱데이의 새벽은 졸음과의 싸움의 연속이었다. 무박으로 80km를 달려야 했기 때문에 그 사이에는 잠을 제대로 잘 수 없었다. 기껏해야 CP에서 10분 정도의 쪽잠을 청하는 것이 전부였다. 체력은 이미 바닥을 보이고 있었고 모두가 정신력으로 기나긴 롱데이의 새벽을 버텨 내고 있었다. 그때 옆에 있던 혜진 누나가 어디서 준비했는지 커피를 물통에 타서 같이 걷던 사람들에게 전해 주었다. 다들 졸음에 힘들어 하

롱데이의 꿀같은 쪽잠

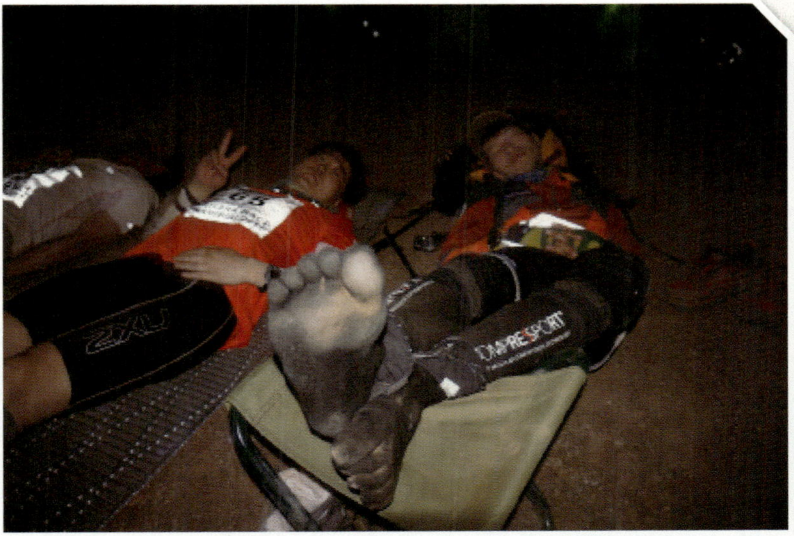

던 때에 누나가 건네준 커피를 한 모금씩을 나눠 마셨다. 신기하게도 방금까지 병든 닭처럼 졸던 사람들이 커피를 먹고 금방 기운을 차렸다. 그때 모두들 혜진 누나의 커피에 극찬을 쏟아냈다. 사막 한가운데에서 마시는 커피 맛은 지금까지 살면서 경험해 보지 못했던 커피의 맛이었다. 그때의 커피는 아직까지도 내가 마셔 본 커피 중 가장 맛있는 '인생 커피'로 기억된다.

사막의 밤은 칠흑같이 어두컴컴해 한 치 앞도 잘 보이지 않았다. 야간에는 어두워진 시야로 인해 코스를 이탈할 위험이 더욱 커지기 때문에 둘 이상이 같이 다니는 것을 권장했다. 낮에는 모래 위에 핑크색 깃

어둑해진 사막, 헤드랜턴에 의지해 물을 공급받다

발을 일정한 간격으로 꽂아 코스를 표시했다면 밤에는 녹색 형광 막대를 이용해 코스를 표시했다. 하지만 사막의 모래바람으로 인해 종종 코스를 표시해 둔 것들이 모래에 묻히거나 날아가 버리곤 했다. 그럴 때는 앞사람이 걸어간 발자국을 보고 방향을 잡고 길을 찾았다. 사막에서 다른 사람들이 남긴 발자국을 소중히 여겨야 하는 이유였다. 그런데 밤이 되니 그것조차 쉽지 않았다. 갑자기 사라진 형광 막대에 함께 걷던 사람들이 모두 당황해했다. 다들 흩어져 형광 막대를 찾기 위해 주변을 샅샅이 뒤졌다. 마치 허허벌판의 사막에서 야밤에 보물찾기를 하는 기분이었다.

"여기 찾았어!"

10분 정도가 지났을까, 저 멀리서 형광 막대를 찾았다는 기쁜 외침이 들려왔다. 지나고 나서 생각하니 재밌는 기억으로 남았지만 그때 당시에는 사막 한가운데에서 길을 잃을 뻔했던 아찔한 순간이었다.

사막 마라톤을 하며 느낀 것이 있다. 사람의 걸음은 생각보다 굉장히 빠르다는 것이다. 낙타파 사람들과 함께 걷다가 잠깐 신발의 모래를 털어 내기 위해 발걸음을 멈췄다. 모래를 털어 내고 다시 발걸음을 내딛는 것까지 몇 분이 채 지나지도 않았는데 바로 앞에 가던 선수들이 저 멀리서 걸어가고 있었다. '혹시 내가 안 본 사이 달렸나?'라는 생각이 들 정도였다. 문득 '걷는 것'처럼, 빠르게 보이지는 않지만 그 꾸준한 행위가 쌓이고 쌓이면 따라갈 수 없을 정도의 격차가 벌어질 수도 있다는 생각이 들었다. 우리가 살아가는 모습도 이와 비슷한 게 아닐까? 꼭 한 번에 확 달리거나 변화할 필요는 없다. 하루하루를 마치 꾸준히 걷는 것처럼 살아간다면 어느 순간 분명히 남들보다 한참이나 앞서 나가 있는 자신을 발견할 수 있을 것이다.

경기가 후반부로 갈수록 부상과 통증으로 힘들어 하는 사람들이 늘어났다. 함께 사막을 걷는 낙타파 광훈이의 왼쪽 발목의 상태는 한눈에 보기에도 통증이 고스란히 전해질 정도로 심각했다. 압박붕대를 칭칭 둘러 감았지만 퉁퉁 부을 대로 부은 발목은 마치 코끼리의 다리를 연상케 했다. 불편한 왼쪽 발목으로 인해 무게 중심을 반대편에 두고 걷다 보니 오른쪽 무릎도 급속도로 상태가 악화됐다. 걸음이 틀어지자 발바닥은 크고 작은 물집으로 빼곡하게 뒤덮였다. 양쪽 발뒤꿈치는 반복되는 운동화의 마찰로 움푹 패여 붉은 피가 맺혀 있었다. 광훈이의 몸 상

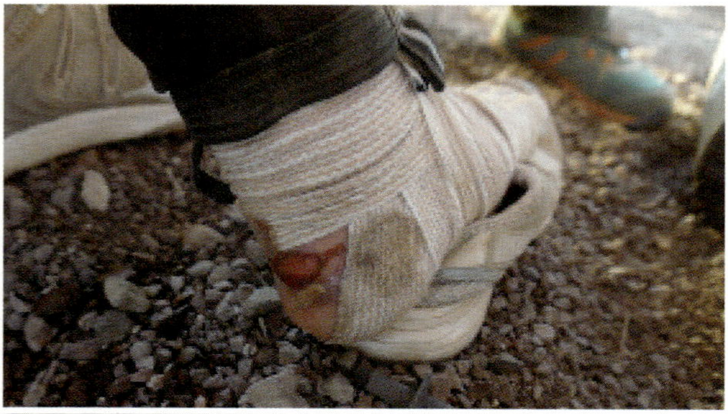

태는 말 그대로 총체적 난국이었다. 걸음을 뗄 때마다 온몸 곳곳에서 찾아오는 참을 수 없는 통증에 진통제조차도 무의미했다. 지금 당장 포기를 선언해도 누구 하나 이상하게 생각하는 사람이 없을 정도였다. 하지만 광훈이는 포기하지 않았다. 그 대신 아무 말 없이 입술을 질끈 깨물고 묵묵히 힘든 한 걸음 한 걸음을 옮길 뿐이었다. 광훈이에 비하면 오히려 나는 컨디션이 좋은 편이었다. 내 무릎도 상태는 크게 다를 게 없었지만 오른쪽 무릎은 보호대 없이도 버틸 만한 정도였다. 그래서 내 오른쪽 무릎의 보호대를 풀어 광훈이에게 건네주었다.

헤드랜턴 하나에 의지하며 걷던 칠흑같이 어두운 사막의 밤이 지나고 주변이 조금씩 밝아지기 시작했다. 어스름하게 해가 떠오르며 사막의 새로운 아침이 밝아오고 있었다. 약 20시간 동안 걷고 뛰며 무박으로 진행되었던 기나긴 롱데이도 어느덧 끝이 보였다. 함께 롱데이를 버텨 준 한국팀의 얼굴에는 피로가 가득했지만 조금씩 미소가 보이기 시작했다. 롱데이는 육체적으로나 정신적으로 모두를 극한으로 몰아넣었다. 뒤돌아보면 매 순간순간이 위기의 연속이었다. 그럼에도 불구하고 내가 롱데이를 완주할 수 있었던 이유는 포기하지 않았기 때문이었다. 롱데이를 통해 스스로가 포기하지 않는다면 언젠가는 목표했던 결승선에 도달할 수 있다는, 단순하지만 강렬한 진리를 다시 한 번 느낄 수 있었다.

기나긴 롱데이의 밤을 지나 새벽 햇살을 맞이한 한국팀

결승선을 통과하다

내일까지, 아니 '당장 오늘 하루를 버텨 낼 수 있을까'라는 생각을 하며 하루하루를 보냈던 일주일이 순식간에 지나갔다. 오늘이 기나긴 250km의 대장정이 마무리 되는 날이다.

오지 않을 것만 같았던 대회의 마지막 날이 나에게도 찾아온 것이다. 오늘 달려야 하는 거리는 총 250km 중 마지막으로 남은 10km 남짓이다. 마지막까지 긴장을 늦출 수는 없지만 지금까지 달려왔던 기나긴 거리를 생각해 보면 네발로 기어서라도 충분히 완주할 수 있을 거리였다. 사실상 선수들은 경기가 끝나간다는 기쁨에 이미 축제의 분위기를 즐기고 있었다. 다들 완주를 눈앞에 두고 설레는 표정을 쉽게 감출 수 없는 듯했다. 드디어 끝이 보인다는 생각이 들자 지난 일주일간 이를 악물고 하루하루를 악착같이 버텨 냈던 기억들이 스쳐 지나갔다.

경기가 시작되고 주변을 둘러보니 오늘은 처음부터 걷는 선수들이 많이 보였다. 아마도 그들이 걷는 이유는 아쉬운 마음에 마지막 남은 사막을 조금이라도 더 즐기기 위해서일 것이다. 나도 조바심을 내지 않고 천천히 사막을 느끼며 앞으로 걸어나갔다. 몸 상태는 지난 일주일간의 경기로 인해 머리부터 발끝까지 어느 곳 하나 성한 곳이 없었지만 마음만은 가볍게 느껴졌다. 매일을 '제발 빨리 오늘만 무사히 끝나게 해 주세요.'라고 생각하며 보냈는데 막상 마지막 날이 되니 아쉬운 마음이 드는 것은 어쩔 수 없었다. 발걸음을 멈추고 가만히 서서 주변을 둘러보았다. 마지막 날의 고요한 사막에는 어째서인지 시원한 바람이 불어왔다. 눈을 감고 크게 사막의 공기를 폐 안에 가득 채웠다. 아마 언젠가 사무치도록 이곳이 그리워지는 날이 올 것 같다는 생각이 들었다.

더 이상 달릴 수 있는 힘이 남아 있지 않다고 생각했다. 하지만 저 멀리 모래언덕 뒤 결승선에서 울려 퍼지는 선수들의 환호성이 들리자 어디선가 다시금 달릴 수 있는 힘이 생겨났다. 이미 결승선은 코앞이었지만 마지막까지 최선을 다하고 싶다는 생각이 들었다. 두 다리에 힘을 주고 젖 먹던 힘을 쥐어짜 내어 결승선을 힘껏 향해 달려나갔다. 이미 도착한 선수들과 자원봉사자들의 많은 격려와 환호를 받으며 결승

최종 결승선을 향한 전력질주

선을 통과했다. 마침내 그렇게도 꿈꿔 왔던 사막 마라톤의 전 구간을 완주해 낸 것이다!

완주 메달을 목에 거니 말로 표현할 수 없을 정도의 성취감과 기쁨이 몰려왔다. 갑자기 왈칵 눈물이 쏟아질 것만 같았다. 드디어 해냈다. 길고도 길었던 일주일간의 250km 사막 레이스를 63시간 15분 50초 만에 완주했다.

250km 사하라 사막 마라톤 완주의 순간

결승선을 통과한 선수들은 모두가 완주의 기쁨을 한껏 만끽하고 있었다. 결승선을 통과하자마자 바로 그 자리에 주저앉아 울음을 터트리는 사람도 있었고 서로를 부둥켜안고 완주의 기쁨을 나누는 선수들도 있었다. 국적은 모두 달랐지만 6박 7일간 동고동락했던 선수들은 모두 사막이라는 연결 고리로 하나가 돼 있었다. 또한 누구보다 고생했던 서로를 잘 알고 있었기에 한 명 한 명에게 진심을 담아 축하해 줄 수 있었다. 먼저 결승선을 통과한 선수들도 마지막으로 들어오는 선수를 위해 모두 서서 기다리며 축하의 박수와 환호를 보냈다.

사막은 꼴등이 1등보다 더 많은 축하와 격려를 받는 재밌는 곳이었다. 항상 1등만을 원하고 축하해 주는 우리 사회에서는 겪어 보기 힘든 일이었다. 일주일 동안 매일 마지막 주자가 결승선에 들어올 때가 되면 모두들 쉬고 있던 텐트 밖으로 나와 마지막으로 들어온 선수를 격렬하게 환호하며 축하해 줬다. 보통 가장 마지막에 들어오는 선수들은 부상을 입었지만 끝까지 포기하지 않고 달리는 선수들이었다. 성한 몸으로도 감당해 내기 힘든 경기를 부상당한 상태로 완주해 낸다는 것은 모두에게 존경받을 만한 일이었다. 매일 함께 사막을 달리며 그것이 얼마나 고되고 힘든지를 알기에 모두의 응원과 격려에는 깊은 진심이 느껴졌다. 물론 사막 마라톤에서도 1등부터 꼴등까지 순위가 매겨진다. 하지만 순위를 떠나 그저 모두들 사막을 달리는 그 자체를 즐기고 있었다. 무더위와 부상으로 어쩔 수 없이 대회를 중도 포기해야만 했던 선수들도 호텔로 돌아가지 않고 자원봉사자로 남아 대회의 운영을 도와주고 매일같이 선수들을 응원해 주었다. 사막은 더 이상 나에게 황량하고 척박하기만 한 곳이 아니었다.

결승선 뒤에는 주최 측에서 선수들을 위해 마련한 만찬이 준비돼 있었다. 일주일 만에 제대로 요리된 음식을 먹으니 이제야 정말 음식을 먹고 있다는 생각이 들었다. 더 이상 전투식량이나 라면을 먹지 않아도 된다고 생각하니 너무나 행복했다. 일주일간의 경기 내내 그렇게 간절하게 먹고 싶었던 시원한 콜라도 벌컥벌컥 들이켰다. 그동안 무더위로 고생했던 시간들이 시원한 콜라의 탄산과 함께 한 번에 씻겨 내려가는 듯했다. 일주일간 제대로 씻지 못해 온몸은 땀과 모래가 뒤범벅이 돼 있었지만 곧 호텔로 돌아가 따뜻한 물에 샤워를 할 수 있다는 생각이 들자 너무나 행복했다. 평소 일상에서 당연히 누렸던 것들의 소중함에 대해 감사한 생각이 절로 들었다.

모두들 몸을 움직이는 것에 비해 먹는 것이 부실했던 터라 한눈에 보기에도 살이 많이 빠져 있었다. 다들 대회 전에 비해 볼이 쏙 들어가고 홀쭉해져 있었다. 나중에 확인해 보니 나는 체중이 5kg 넘게 빠져 있었다. 아마 지금의 상황을 잘 알지 못하는 누군가가 우리의 몰골을 봤다면 충분히 거지로 오해받을 수도 있을 것 같다는 생각이 들었다. 하지만 아마 상당히 행복해 보이는 거지라고 생각했을 지도 모른다. 모두들 고된 6박 7일을 버텨 내고도 얼굴에서는 행복한 미소가 가득했기 때문이었다.

호텔로 돌아와 일주일간 함께 동고동락했던 선수들과 뒤풀이를 통해 완주의 기쁨을 한 번 더 나눌 수 있었다. 우리 한국팀은 단 한 명의 낙오자도 없이 전원이 무사히 경기를 완주해 냈다. 아마 혼자였다면 이런 결과를 만들지 못했을지도 모른다. 머나먼 타지에서 함께 고생하고 도와 가며 서로에게 큰 힘이 돼 주었기에 이런 좋은 결과가 나왔던 것 같다. 대회의 후폭풍으로 온몸이 부서질 듯 아팠지만 그날 밤은 모두의 얼굴에서 웃음과 미소가 끊이질 않았다.

다음 날 짧은 일정을 마치고 귀국행 비행기에 몸을 싣고 눈을 감았다. 한국으로 돌아가는 동안 지난 일주일을 머릿속으로 다시 그려보았다. 일주일간 사막에서 내가 겪은 모든 일들이 마치 꿈만 같이 느껴졌다. 하지만 검붉게 그을려 따끔거리는 손목과 무릎의 화상, 온몸의 근육통이 그것이 절대 꿈이 아니었다는 것을 끊임없이 말해 주고 있었다.

⬆ 완주한 한국팀 단체샷
⬇ 전 세계 20여 개국 참가자들과 함께

5장

끝나지 않은 도전

사막이 나에게 알려 준 것들

꿈같았던 사하라 사막에서 귀국하고 몸을 추스를 충분한 시간도 없이 다시 일상으로 돌아왔다.

생사의 경계선에 서 있는 환자들 사이로 끊임없이 울려 대는 수많은 의료기기들의 알람 소리가 내가 다시 중환자실에 돌아왔다는 것을 실감나게 해 주었다. 아프리카에서 '사막 마라톤'을 마치고 돌아오니 한국에서는 또다시 병원의 '근무 마라톤'이 나를 기다리고 있었다. 사막 마라톤에 참가하기 위해 2주간의 휴가 스케줄을 만들면서 연차와 쉬는 날을 몰아서 다 써 버렸기 때문에 도착하자마자 빽빽한 근무표 속에서

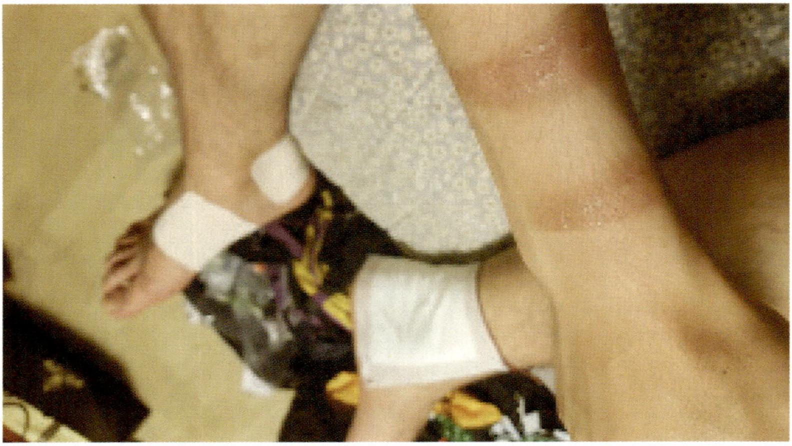

근무 강행군을 이어 나갔다. 사막을 다녀왔다고 해서 특별하게 다를 것이 없는 평범한 일상이었다. 달라진 게 있다면 무릎, 발목, 어깨 등 온몸에 파스를 덕지덕지 붙이고 출근을 했다는 것 정도였다. 사막 마라톤의 후폭풍으로 온몸 구석구석 어느 곳 하나 멀쩡한 곳은 없었지만 다행히도 큰 부상이 아니었기에 회복이 빨랐다.

사막 마라톤에 대해 누군가는 쓸데없이 돈까지 주고 사서 고생을 하고 왔다고 말하기도 한다. 하지만 지금 생각해도 사막 마라톤을 꿈꾸고 선택했던 것은 참 잘한 일인 것 같다. 살면서 한 번쯤은 자신을 극한의 상황에 내던져 볼 필요가 있다. 그러한 상황은 자신을 임계점까지 끌어올려 주고, 스스로가 생각보다 더 강한 사람이라는 것을 알게 한다. 평상시에는 알지 못했던 나의 새로운 모습을 사막과 같은 극한의 상황에서는 만나볼 수 있는 것이다. 비가 내린 후 땅이 더 단단해지는 것처럼 사막 마라톤은 나를 더 단단하고 강한 사람으로 만들어 주었다.

뒤돌아보면 내가 사막에서 싸웠던 것은 살인적인 폭염이나 인간을 한계까지 내모는 육체적 고통이 아닌 '나 자신'이었다. 끊임없이 스스로에게 '할 수 있다'는 자기 암시를 걸고 포기하지 말자고 다독이며 한 걸음 한 걸음을 멈추지 않고 앞으로 내딛었다. 사막은 온연히 스스로에게 집중하고 내면의 나 자신과 대화할 수 있는 곳이었다. 나 자신에게만 집중하다 보니 사막에서는 자연스레 타인의 시선을 의식하지 않게 됐다. 주변의 다른 선수들을 의식해서 내 페이스를 잃었다면 나는 결승선을 통과하지 못했을 것이다. 삶을 살아가면서도 주변의 다른 사람들의 시선을 의식해서 내가 가진 페이스대로 삶을 살아가지 못한다면 언젠가는 결승선 앞에서 주저앉게 될지도 모른다. 언제나 어디서나 가장 중요한 것은 '나'라는 사실을 알려 준 것은 사막이었다.

사막 마라톤을 완주하고 커다란 메달을 목에 걸었다. 일주일간 250km의 장거리를 달리고 받은 메달이라 그런지 굉장히 크고 묵직했다. 지금도 가끔 사막이 그리울 때면 내 방에 있는 메달을 꺼내 보곤 한다. 완주 메달을 보고 있으면 다시금 작열하는 태양과 끊임없이 모래언덕이 펼쳐져 있는 사막으로 돌아간 것 같은 기분이 든다. 그때의 열정과 끈기를 잊지 않고 살아간다면 앞으로 어떤 일이든 해낼 수 있을 것 같은 기분이 들었다.

내가 사막 마라톤에서 얻은 것은 단지 완주 메달만은 아니었다. 함께 일주일간을 동고동락했던 한국팀이 없었다면 사막은 힘들고 고통스럽기만 한 곳으로 기억됐을지도 모른다. 한 명이 처지면 서로 앞에서 끌어 주고 뒤에서 밀어 주며 서로를 챙겼기에 단 한 명의 낙오자 없이 한국팀은 전원이 완주할 수 있었다. 사람은 힘들고 어려울 때 자신의 밑바닥을 보여 준다고 한다. 그때는 포장되지 않은 날것의 진짜 그 사람의 모습을 볼 수 있는 것이다. 그런 의미에서 사막은 인간의 밑바닥을 볼 수 있는 곳이었다. 기나긴 일주일간의 대회에서 서로의 힘들고 어려운 상황에서도 어느 누구도 혼자만 잘해 보겠다는 사람이 없었다. 본인도 힘든 상황에서 항상 한국팀은 서로를 생각하고 위하는 모습이 가득했다. 나는 사막에서 메달보다 더 값진 평생 함께할 소중한 사람들을 얻을 수 있었다.

만약 250km의 사막을 일주일 동안 한 번에 달려야 했다면 나는 결코 사막 마라톤을 완주하지 못했을 것이다. 사막 마라톤에서의 CP는 단순히 식수를 공급하고 휴식을 위한 그늘이 있는 작은 천막이었다. 하지만 나에게는 무엇보다도 달콤한 휴식처이자 포기하지 않고 앞으로 나아갈 수 있게 해 주었던 고마운 존재였다. 10km만 더 가면 또 다른 CP가 나타날 것이라는 목표와 희망으로 250km를 달리며 6박 7일을 버텨 냈다. 문득 인생이라는 거대한 마라톤을 잘 달리기 위해서도 CP 같은 존재가 꼭 필요하다는 생각이 들었다. 살아가면서 내가 포기하지 않고 달려갈 수 있도록 해 주는 CP는 무엇일까? 만약 나만의 인생 CP가 없다면 스스로 만들어 나가야 한다. 인생이라는 마라톤을 성공적으로 완주하기 위해 내 인생의 CP는 무엇인지 한 번쯤은 생각해 볼 필요가 있다.

근무 마라톤을 달리며 정신없이 지내다 보니 어느덧 무릎의 통증도, 근육통도 이제는 더 이상 느껴지지 않게 되었다. 며칠 전까지만 해도 내가 아프리카의 드넓은 사막 한복판을 달리고 있었다는 게 잘 믿기지 않았다. 한국에 돌아온 지금, 꿈이었던 모든 것들은 현실이 되었고 사막에서의 기억들은 이제 나에게 한여름 밤의 꿈처럼 느껴졌다. 그 당시에는 나 자신을 극한까지 몰고 갔던 육체적, 정신적 고통에서 벗어나고 싶어 빨리 경기가 끝났으면 좋겠다고 생각했다. 하지만 벌써 그 시간들이 그립다고 하면 믿을까? 80km를 무박으로 쉬지 않고 달리는 롱데이 날, 너무 힘들어 바닥에 털썩 주저앉아 바라본 밤하늘의 쏟아지는 듯한 별들, 끊임없이 펼쳐진 모래언덕의 향연, 밥을 먹을 때마다 입에서 사각거리던 모래의 느낌, 아마 나는 그 기억들을 평생 잊지 못할 것이다.

작은 마음이 모여

사막 마라톤을 마치고 돌아온 후 바빠진 이유는 근무 마라톤 때문만은 아니었다. 사막으로 가기 전 소중한 사람들과 했던 약속을 지켜야 했기 때문이었다.

한마음 한뜻으로 소아암 환우들을 위해 펀딩에 참여해 준 84명의 후원자분들을 위해 약소하지만 감사함의 표시로 리워드를 준비했다. 학창시절부터 나를 가까이서 지켜봐 왔던 친구들, 배낭여행에서 만났던 사람들, 같은 직장에서 일하는 동료 간호사들처럼 펀딩에 참여해 주신 분 중에는 평소 나를 잘 알고 있는 지인들이 많았다. 하지만 후원자 명단에는 나와는 일면식도 없는 생면부지인 사람들도 있었다. 리워드는 이렇게 나를 믿고 소아암 환우들을 위해 선뜻 후원해 주신 많은 분께 감사함을 전할 수 있는 중요한 수단이었다. 그래서 처음 펀딩을 준비하면서도 고심해서 생각하고 준비했었다.

후원자들에게 약속한 리워드 중에는 직접 촬영한 사막 사진으로 만든 엽서에 손 편지를 써 드리는 것이 있었다. 그 약속을 지키기 위해 사막 마라톤을 하면서 만난 아름다운 사막의 풍경들을 열심히 카메라에 담았다. 사막에서는 엽서에 담고 싶을 정도로 황홀한 풍경들을 수도 없이 만날 수 있었다. 그렇게 촬영한 사진들 중 가장 잘 나온 사진들을 추려 내어 엽서로 제작했다. 그리고 사막이 담겨 있는 엽서에 직접 손 글씨로 감사함을 꾹꾹 눌러 담아 편지를 적었다. 근무 마라톤을 하면서도 리워드를 위해 수십 장의 엽서에 손 편지를 써야 했지만 힘든 것보다는 한 명 한 명의 후원자들에 대한 감사함에 기쁜 마음으로 엽서를 쓸 수 있었다.

또 다른 리워드를 위해 대회 시작 전 후원자들로부터 사막과 함께 사진으로 담고 싶은 문구를 전달 받았다. 문구 중에는 자신의 인생 좌우명을 적어 주신 분들도 있었고 자녀에게 하는 아버지의 이야기, 연인들의 사랑스러운 문구 등 다양한 이야기가 있었다. 약속을 지키기 위해서, 전달 받은 문구를 영화 '러브 액츄얼리'처럼 미리 스케치북에 적어 둔 후 그것을 사막까지 챙겨 갔다. 그리고 경기 중 만난 가장 크고 넓은 모래사막 한가운데에서 사진을 촬영했다. 처음에는 어렵지 않게 금방 할 수 있을 것 같았지만 사막의 강한 모래바람으로 인해 사진을 찍는데 상당한 시간이 걸렸고 적잖이 애를 먹었다. 다행히 고생한 만큼 후원자분들에게는 예쁜 사진을 찍어 인화해 드릴 수 있었다.

리워드 중에는 후원자분과 직접 만나 사막 마라톤의 생생한 경험담을 들려 드리는 것도 있었다. 원래부터 나를 알고 있었던 지인들은 물론이고 나를 아예 몰랐던 후원자분들과도 생생한 경험담을 나누기 위해 약속을 잡았다. 첫 만남이 낯설기도 했지만 소아암 환우를 위한 사하라 기부 마라톤을 처음 준비할 때부터 내 이야기에 관심을 가지고 지켜봐 주신 분들이었기에 금방 친숙한 분위기를 느낄 수 있었다. 만났던 후원자분 중 한 분은 아이를 키우고 있는 한 가정의 가장이었다. 일을 하면서 평소 나눔과 후원에 많은 관심을 가지고 있었는데 때마침 내 사막 마라톤 기부 펀딩을 접하게 됐고 나를 믿고 흔쾌히 소아암 환우들에게 후원해 주셨다고 했다. 아무래도 아이를 키우는 입장에서 병마와 싸우고 있는 소아암 환우들의 기부에 더욱 각별한 관심이 가셨다고 했다. 또 다른 후원자 한 분은 나처럼 사막 마라톤에 대한 꿈을 가지고 있었던 분이었다. 아직은 여건이 되지 않아 본인이 직접 경기에 나가지는 못하셨다고 한다. 하지만 펀딩 사이트를 통해 같은 꿈을 가진 나의 소식을 듣고 응원하며 소아암 환우들을 위한 기부금을 쾌척해 주셨다고 했다. 나와 같은 꿈을 가지고 있는 분을 만났다는 것이 반가웠고 내가 누군가의 꿈에 대한 자극이 될 수 있다는 사실이 감사하고 신기하게 느껴졌다. 만났던 후원자분들 모두 그날 처음 본 사이였지만, 시간 가는 줄 모르고 사막과 나눔에 대한 여러 가지 이야기를 나눌 수 있었다. 사막에서 돌아온 후 일상에 치여 살던 나에게 후원자분들과의 만남은 서로의 긍정적인 에너지를 공유할 수 있게 해 준 감사한 시간들이었다.

크라우드 펀딩을 통해 모금된 후원금의 기부는 내가 일하고 있는 서울아산병원에 하게 되었다. 전달된 후원금은 경제적으로 어렵고 가정 형편이 힘든 소아암 환우들을 위해 사용될 것이다. 크라우드 펀딩으로 모은 금액에서 수수료 및 리워드 제작비용을 제외한 약 246만 원을 서울아산병원에 기부했다. 여기에 더해 내 크라우드 펀딩 전체 모금액인 294만 원만큼을 서울아산병원 직원들의 모아사랑 기금으로 소아암 환우들에게 기부되었다. 최종적으로 '사하라 사막에 피는 꽃' 프로젝트를 통해 소아암 환우들이 약 540만 원의 수혜를 받게 된 것이다. 후원금을 전달하는 순간 반년 넘게 준비했던 기나긴 대장정이 모두 끝이 났다. 약 반년이라는 기간 동안 많은 시간과 노력을 쏟았던 만큼 뿌듯하기도

했지만 시원섭섭한 마음이 드는 것은 어쩔 수 없었다.

몇 달 후 병원 내부의 소식지를 통해 사막 마라톤의 후원금이 정부의 지원금을 받으며 할머니와 단 둘이 살아가고 있는 소아암 환우에게 사용됐다는 소식을 들을 수 있었다. 어려운 가정형편에서 감당하기 힘든 병원비와 약값은 금방 눈덩이처럼 불어났고 할머니는 손자의 치료비를 구하기 위해 발을 동동 구르고 있었다. 그러던 도중 서울아산병원의 사회복지팀과 연결되어 치료비로 지원금을 후원받을 수 있었다고 한다. 아마도 벼랑 끝에 있었던 할머니와 병마와 싸우고 있을 아이에게는 이 후원금이 어둠을 밝혀 주는 한 줄기의 빛이 됐을 것이다. 많은 사람들이 소중한 마음으로 모아 준 후원금이 꼭 필요한 곳, 꼭 필요한 사람에게 사용된 것 같아 너무 뿌듯했고 다행이라는 생각이 들었다. 혼자서는 결코 해낼 수 없었을 일을 많은 사람들과 함께 해냈다는 것에서 한 번 더 나눔의 가치와 보람을 느낄 수 있었다.

앞으로도 내가 많은 사람들로부터 도움을 받았던 것처럼 나 또한 더 나누고 더 베풀 수 있는 삶을 살아가고 싶다.

사막의 작은 모래알이 모여
커다란 사막을 만들어 내듯이
사람들의 작은 마음이 모여
모두가 살기 좋은 세상을 만들어 낸다.

펀딩을 통해 전달하고 싶었던 것

처음 사막 마라톤에 도전하기로 결심하고 소아암 환우들을 위한 크라우드 펀딩을 준비하면서 누군가는 나에게 이런 질문을 했다. 소아암 환우들을 돕고 싶으면 그런 프로젝트를 하는 것보다는 사막 마라톤을 위한 700만 원의 경비를 그대로 기부하면 소아암 환우들에게 더 큰 금액을 후원할 수 있는 게 아니냐고 말이다. 분명히 그 말은 틀린 말은 아니다. 내가 크라우드 펀딩을 통해 모은 금액과 서울아산병원의 후원을 받은 금액을 모두 더해도 700만 원이 안 되는 것이 사실이다. 사막 마라톤에 나가지 않고 700만 원의 경비를 그대로 기부했다면 지금보다 더 큰 금액을 소아암 환우들을 위해 기부할 수 있었을 것이다.

하지만 내가 '사하라 사막에 피는 꽃'이라는 프로젝트를 통해 전달하고자 했던 것은 단지 기부금만은 아니었다. 이번 프로젝트에서 총 84명의 후원자분이 크고 작은 나눔으로 크라우드 펀딩에 참여해 주셨다. 펀딩 참가자 중에는 평소 나눔과 후원에 대해 관심을 가지고 있었던 사람도 있었을 것이고 그렇지 않았던 사람도 있었을 것이다. 하지만 평소 가지고 있는 생각을 직접 실천하고 있었던 사람들은 많지 않았을 것이다. 나 또한 그것이 얼마나 쉽지 않은 일인지를 잘 알고 있다. 하지만 그렇게 어렵지도 않다는 것도 알고 있다. 그래서 많은 사람이 함께 동참해서 나눔을 실천할 수 있는 프로젝트를 기획하게 된 것이다.

이번 크라우드 펀딩에는 총 84명이 참가했지만 이 프로젝트가 진행되면서 수많은 사람들에게 SNS와 신문 등을 통해 내 프로젝트가 공유됐었다. 아마도 적게는 수백 명, 많게는 수천 명에게 내 프로젝트가 전해졌을 것이다. 비록 프로젝트를 봤던 모든 사람들이 후원에 참여하지는 않았지만 이 프로젝트를 접하고 적어도 한 번쯤은 기부와 나눔에 대한 생각을 하게 됐을 것이다.

'아, 이런 식으로 나눔을 실천할 수도 있겠구나!'

펀딩에 참여하지 않았더라도 내 프로젝트를 접하고 이런 생각이 들었다면 나는 이번 프로젝트는 충분히 성공적이었다고 생각한다. 내가 의도했던 것은 불특정 다수의 많은 사람들에게 기부와 나눔에 대한 생각을 심어 주는 것이었다. 물론 실천까지 이어질 수 있다면 더 좋을 것이다. 아마 이러한 자극으로 이번이 아니더라도 언젠가는 또 다른 기회 혹은 형태로 나눔을 실천하게 될 것이라고 나는 생각한다.

솔직히 말해서 프로젝트를 기획하고 실행하는 과정은 생각했던 것보다 많은 시간과 노력이 필요했고 상상 이상으로 힘들었다. 중환자실에서 3교대 근무를 하며 일만 하는 것도 쉽지 않은데 거기에 사막 마라톤을 위한 체력 훈련까지 해야 했기에 보통 힘든 일이 아니었다. 한창 준비하면서 가장 바쁘고 힘들었을 때는 '괜히 이 프로젝트를 시작한 것이 아닐까?'라는 생각이 들 정도였다. 이번 프로젝트를 위해 혼자서 하나부터 열까지 모든 일을 기획하고 준비해야 했기 때문에 준비과정에서의 부담감과 걱정 또한 만만치 않았기 때문이다.

'크라우드 펀딩을 개설했는데 아무도 참여해 주지 않으면 어떡하지?'

'내 프로젝트를 사람들이 관심을 가져 주긴 할까?'

다행히도 걱정과는 달리 많은 사람들이 관심을 가져 주고 크라우드 펀딩에 참가해 주셨고 원래의 250만 원이라는 목표금액을 훌쩍 넘는 117%의 모금액을 달성할 수 있었다. 모든 프로젝트가 끝난 지금은 그간 준비하면서 힘들었던 모든 것들이 결코 헛된 일이 아니었다는 것에 감사한다. 더불어 '사하라 사막 마라톤 완주'라는 내 꿈을 이룰 수 있도록 많은 사람들의 격려와 응원을 받을 수 있었던 것도 이 프로젝트 덕이었다고 생각한다.

이번 프로젝트의 또 다른 목적은 내 도전으로 하여금 많은 사람들에게 꿈과 도전에 대한 긍정적인 자극을 전달하기 위함이었다. 사람들은 살아가면서 누구나 꿈을 꾸고 살아간다. 하지만 누구나 꿈을 이루고 살아가는 것은 아니니다. 누군가는 꿈을 현실로 만들고 또 누군가는 가슴속에만 품고 살아간다. 사람들은 항상 새로운 도전을 할 때마다 여러 가지 안 될 이유부터 눈에 불을 켜고 찾기 시작한다.

"시간이 없어서 안 돼."
"체력이 없어서 안 돼."
"돈이 없어서 안 돼."

시간이 없었다.
아프리카 사하라 사막에서 하는 마라톤 대회에 참가하기 위해서는 적어도 2주의 휴가가 필요했다. 수간호사 선생님을 설득하기 위해 15장 분량의 제안서를 제출했고 결국 16일의 오프를 받아 낼 수 있었다.

체력이 없었다.
마라톤 대회에는 생전 나가 본 경험이 없었다. 마라톤에 '마' 자도 모를 정도로 체력이 없었지만 근무 전, 후, 쉬는 날마다 매일같이 한강을 달려 250km의 사막을 달려 낼 체력을 키울 수 있었다.

돈이 없었다.

700만 원이라는 사막 마라톤 참가 경비가 필요했다. 부담스럽지 않다면 거짓말이었다. 후원 제안서를 작성해 수십 곳에 도움을 요청했고 결국 적지 않은 금액을 후원받을 수 있었다.

나 또한 항상 매번 도전마다 실패가 두렵고 무서웠다. 하지만 두려움이라는 것은 경험하지 않은 것에 대해 스스로가 만들어 낸 환상일 뿐이다. 어떠한 일을 도전할 때 두려움이 있다면 그 두려움을 극복하는 방법은 그 일에 도전을 하는 것이다. 아이러니한 말처럼 들릴지도 모르겠지만 두려움을 가장 쉽게 무력화시킬 수 있는 방법이다. 일단 부딪치고 깨지며 경험해 보면 금방 그 두려움은 신기루 같은 환상에 불과하다는 것을 알게 된다.

뒤돌아보면 어느 것 하나 쉬웠던 도전이 없었다. 그럼에도 불구하고 나는 항상 무엇이든 '할 수 있다'라고 믿었다. 그렇게 스스로를 믿으면 정말로 할 수 있게 된다. 여러분이 가지고 있는 꿈도 충분히 현실로 만들 수 있다.

당장 마음속 깊은 곳에 품은 꿈을 꺼내 보자. 그리고 지금부터 '할 수 있다'라고 스스로를 믿고 당장 실행한다면 그 꿈은 더 이상 꿈이 아닌 현실이 될 수 있을 것이다.

강단에 서다

"김보준 선생님이시죠? 혹시 강연을 좀 부탁드려도 될까요?"

한국에 돌아온 후 사하라 기부 마라톤을 관심 있게 봐 주신 이곳저곳에서 인터뷰 요청이 들어왔다. 또한 나의 일터인 서울아산병원에서 원내 직원 150명을 대상으로 진행되는 1시간 분량의 강연 요청이 들어왔다. 갑작스러운 관심이 부담스럽기도 하고 기분이 묘하기도 했다. 난생처음 150명이 넘는 많은 사람들 앞에서 사하라 기부 마라톤에 대해 이야기하는 시간을 가질 수 있게 된 것이다.

'맙소사, 내가 강연을 하게 되다니.'

처음 강연 제안이 들어왔을 때는 많이 망설여졌다. 나는 아직도 많이 부족한 사람이었기에 내가 과연 많은 사람들 앞에서 강연을 할 수 있는 사람인가에 대한 의문이 들었기 때문이었다. 강연이라고 하면 교수님들이나 유명한 강사들 같이 대단한 사람들이나 할 수 있는 것이라고 생각하기도 했다. 많은 고민을 했지만 내 이야기가 누군가에게 긍정적인 자극이 될 수 있을 것이라는 생각에 강연을 하기로 결심하게 됐다. 단 한 명이라도 내 이야기를 통해 긍정적인 자극을 받고 삶이 조금이라도 달라질 수 있다면 그것만으로도 강연에는 큰 가치가 있을 것이라고 생각했다.

생각해 보니 대학생 때 수업에서 발표했을 때를 제외하면 이렇게 많은 사람들 앞에서 이야기를 해 보는 것은 처음이었다. 무려 150명이 보는 앞에서 내 이야기를 해야 한다고 생각하니 기분이 아찔했다. 잘해야겠다는 생각이 들자 강연이 큰 부담으로 다가왔다. 하지만 나는 전문적으로 강연을 하는 사람이 아니었다. 생각해 보니 굳이 잘하려고 할 필요가 없었다. 강연을 잘하는 것보다는 내가 경험하고 느꼈던 이야기를 있는 그대로 잘 전달하고 싶었다.

강연을 위해 사진들을 정리하고 각 사진에 맞는 이야기를 준비하면서 강연자료를 만들었다. 다행히 사막에서 워낙 많은 사진을 찍어 둔 탓에 강연 동안 적어도 지루할 틈은 없을 것 같았다. 어떻게 해야 나를 보러 와 준 사람들의 소중한 1시간을 알차게 만들 수 있을지에 대한 고민을 계속했다. 1시간의 강연을 위해 거의 일주일 이상을 연습하고 준비했다. 평소에 이런저런 강연을 많이 들었었는데 항상 강단 위에 서는 사람들의 당당하고 멋진 모습만 봤었다. 그들의 뒤에는 보이지 않는 곳에서 수없이 많은 연습을 하고 준비를 했던 무수한 시간들이 존재할 것이라는 것을 강연을 준비하면서 처음 알게 되었다.

드디어 예정했던 강연 날이 밝았다. 리허설을 위해 조금 일찍 강당에 도착해 마이크와 강단을 체크했다. 처음 강당에 들어갔을 때는 전체 좌석이 거의 텅텅 비어 있었다. 아무도 안 오는 게 아닌가 걱정이 될 정도였다. 하지만 강연 시간이 가까워지자 사람들이 하나 둘 자리를 채우기 시작하더니 순식간에 강당 안이 사람들로 가득 찼다. 참석해 주신 분들은 의사, 간호사, 물리치료사, 방사선사, 약사 그리고 여러 교수님 등 병원에서 일하는 다양한 직군의 사람들이었다. 이 많은 사람들이 내 강연을 듣기 위해 모였다고 생각하니 기분이 묘했다. 내 강연을 듣는 사람들의 발걸음이 헛되지 않도록 내 이야기를 잘 풀어나가야겠다는 생각이 들었다.

강연을 듣기 위해 퇴근을 하고 바로 강당으로 달려와 준 사람들도 많았다. 하루 종일 고된 업무에 시달렸던 사람들의 눈에는 피곤함이 가득해 보였다. 하지만 강연이 시작되자 사람들은 모두 초롱초롱한 눈빛으로 내 이야기에 집중했다. 아무래도 사막 마라톤이라는 소재 자체만으로도 굉장히 생소하게 느꼈을 것이고 많은 궁금증을 가지고 있을 것 같았다. 그리고 내가 왜 사막 마라톤과 함께 소아암 환우를 돕기 위한 프로젝트를 하게 됐는지에 대해서도 많은 호기심이 들었을 것이다. 처음에는 잘할 수 있을까 걱정도 많이 했지만 강연을 시작하고 내 이야기를 풀어 내다 보니 어느덧 나도 편안하게 내 이야기를 사람들에게 들려 주고 있었다. 강연이 진행되는 동안 사람들은 나와 함께 웃기도 하고 힘든 표정을 지어보이기도 하며 내 이야기와 경험에 대해 공감해 주었다. 그리고 강연이 막바지에 이르렀을 때 사람들은 이미 나와 함께 사막을 달리고 있었다. 마지막 멘트를 끝내고 마무리 인사를 했을 때 객석으로부터 박수갈채가 쏟아졌다. 살면서 이렇게 많은 사람들에게 박수를 받은 적이 있었을까....

첫 강연에 대한 반응이 좋았고 그 후에도 추가로 강연 요청을 받아 원내에서 3차례 더 강연을 할 수 있었다. 강연을 하는 동안 나도 모르는 사이 병원에서는 유명인사가 돼 있었다. 병원에서 마주치는 직원분들이 종종 나를 알아보고 먼저 인사를 건네주셨다.

"선생님, 강연 너무 인상깊게 잘 봤어요."

내가 한 것이라고는 하고 싶었던 꿈을 위해 노력한 것과 나눔을 위한 작은 프로젝트를 기획한 것뿐이었다. 누가 시키거나 유명해지고 싶어서 한 것도 아니었다. 그저 하고 싶었던 것을 했을 뿐인데, 이렇게 많은 관심과 응원을 받는다는 사실이 너무나 감사하게 느껴졌다.

강연을 하는 경험은 나에게 새로운 인생의 관점을 만들어 주었다. 살면서 내가 하고 싶은 것을 하며 살아가는 것도 좋지만 내 이야기를 통해 사람들에게 긍정적인 자극을 주는 사람이 되고 싶다는 생각이 든 것이다. 그것은 내가 책을 쓰기로 결심하게 된 이유이기도 했다.

끝나지 않은 도전

한국에 돌아와 눈코 뜰 새 없이 바빴던 시간들이 지나가자 깊은 무력감에 빠지게 되었다. 아무것도 손에 잡히지 않았고 어떤 것도 하고 싶지 않았다.

'갑자기 왜 그럴까?'

곰곰이 생각해 보니 작년부터 시작해 반년 이상을 사하라 기부 마라톤이라는 꿈을 이루기 위해 바로 얼마 전까지 숨가쁘게 달려왔었다. 그리고 마침내 목표했던 꿈을 이뤘다. 문제는 그리고 나서부터였다. 그동안 항상 꿈을 이루기 위해 달렸지만 그 이후에 대해서는 생각해 본 적이 없었다. 꿈을 이루고부터는 어디로 가야 할지를 알려 주는 이정표를 잃은 것처럼 느껴졌다. 슬럼프를 극복하기 위해 다시 한 번 내가 진정 하고 싶은 게 무엇인지에 대해 생각해 보고 새로운 크고 작은 꿈들에 대한 목표를 정했다.

그렇게 도전을 결심하게 된 것이 바로 '철인3종경기'였다. 살면서 한 번쯤은 '철인'이 되어 보고 싶다는 생각이 들었기 때문이었다. 철인3종경기란 수영, 사이클, 마라톤을 휴식 없이 연이어 하는 경기를 말한다. 철인3종경기 역시 사막 마라톤과 마찬가지로 극한의 인내심과 강인한 체력을 요하는 대회 중 하나로 꼽힌다. 도전을 결심하고 나서 내가 가장 먼저 한 것은 바로 대회 등록이었다. 대회를 등록하지 않고 준비한다면 결심이 흐지부지될 수도 있기 때문이었다. 언제나 그렇듯 시작이 반이다. 일단 저지르고 보면 참가비가 아까워서라도 어떻게든 하게 돼 있다는 것을 나는 지금까지의 경험에서 알게 되었다.

하지만 처음 사막 마라톤에 도전할 때처럼 이번에도 어느 것 하나 제대로 준비된 것이 없었다. 그나마 3가지 종목 중 마라톤은 사막 마라톤을 준비하며 익숙했지만 나머지 사이클과 수영은 전혀 준비가 된 것이 없었다. 평소에 자전거를 즐겨 타지도 않았고 무엇보다도 대회에 출전 가능한 내 자전거가 없었다. 자전거가 없다면 훈련은 물론이고 대회 출전조차도 할 수 없었다. 그래서 주변에 자전거를 가지고 있는 친구에게

우선 자전거를 빌렸다. 그리고 사막 마라톤을 준비할 때처럼 근무 전, 후 그리고 쉬는 날마다 한강을 달리며 사이클 종목을 위한 훈련을 했다.

가장 큰 문제는 바로 수영이었다. 수영은 철인3종경기에 도전하기로 결심했을 때 가장 걱정했던 종목이기도 했다. 마라톤과 사이클처럼 육지에서 하는 종목은 어떻게든 포기하지 않으면 완주할 수 있을 것 같았지만 물에서 하는 수영의 경우는 이야기가 달랐다. 더군다나 수영장이 아닌 바다에서 대회가 열리는 만큼 대회를 완주하기 위해서는 상당한 수영 실력과 체력이 필요했다. 물을 좋아하긴 했지만 지금까지 살면서 수영을 제대로 배워 본 적이 없었다. 그래서 수영장을 등록해서 다니기 시작했다. '음파음파' 물속에서 숨을 쉬는 것부터 시작해 물장구를 치는 것까지 그야말로 수영의 걸음마부터 하나하나 배워 나갔다. 고급반에서 한 마리의 물개처럼 접영을 하는 초등학생들을 보며 잠깐 부끄럽기도 했지만 나 또한 언젠가는 저렇게 될 수 있을 것이라 믿어 의심치 않았다. 처음에는 25m 트랙을 한 번 왕복하기만 해도 숨이 목구멍까지 차오르며 힘들게 느껴졌다. 하지만 매일같이 수영장에 출근 도장을 찍고 몇 달간 꾸준히 노력한 끝에 약 40분 동안 1.5km를 한 번도 쉬지 않고 완영할 수 있을 정도의 체력을 키울 수 있었다.

내가 도전한 대회는 국내 대회 중에서도 난이도가 높기로 소문난 '통영 ITU 트라이애슬론' 대회였다. 수영장에서만 수영을 하다가 경기 때 처음으로 바다 수영을 경험했을 때는 출렁이는 파도와 어두컴컴한 바다의 시야 때문에 덜컥 겁이 났다. 하지만 이번에도 역시 '할 수 있다'는 마음가짐으로 스스로를 믿고 끊임없이 팔과 다리를 움직여 앞으로 나아갔다. 사막 마라톤에서 배웠던 것처럼 포기만 하지 않는다면 언젠가 결승선에 도달할 수 있다는 것을 나는 잘 알고 있었다.

경기 내내 힘겨운 자신과의 싸움이 이어졌고 마침내 나는 철인3종경기의 완주 메달을 손에 거머쥘 수 있었다. 철인3종경기는 마라톤과는 또 다른 매력이 있었다. 한 종목만 하는 마라톤과는 다르게 3가지 종목을 연이어 하는 철인3종경기는 경기를 하는 동안 잠시도 지겨울 틈

이 없었다. 체력적으로 힘들기는 했지만 3가지 종목을 모두 완주했을 때의 쾌감과 성취감도 상당했다. 그렇게 나는 또 한 번 꿈을 현실로 만들 수 있었다.

도전이라고 하면 거창한 목표를 둔 행위일 수도 있지만 내가 경험하지 못해 본 것들에 대한 사소한 행위 하나하나가 도전이 될 수 있다. 예를 들어 평소 먹어 보지 못한 새로운 음식을 먹어 본다든지, 다니지 않던 새로운 길로 다녀 보는 것 등과 같이 말이다. 사람들은 보통 새로운 변화와 도전에 조심스럽고 소극적이다. 변화가 주는 두려움보다는 안정으로부터 오는 달콤함이 더 매력적으로 다가오기 때문이다. 맛없을지도 모르는 새로운 음식을 찾는 것보다 늘 먹던 익숙하고 맛있는 음식들을 찾게 되는 것처럼 말이다.

마라톤이란 것에 문외한이던 내가 250km의 사하라 사막 마라톤에 도전할 때도, 수영을 배워 본 적이 없는 내가 1.5km의 바다 수영이 포함된 철인3종경기에 도전할 때도 주변 사람들의 반응은 늘 한결같았다. 왜 그런 고생을 돈 주고 찾아서 하는지 모르겠다는 식의 반응이다. 물론 틀린 말은 아닐 수 있다. 고생은 고생이니까. 실제로 그들의 말처럼 내가 경험해 보지 못한 낯선 분야에 대한 도전은 늘 수고스럽고 고생스러웠다.

간혹 사람들이 나에게 이런 질문을 한다.

"그런 도전들을 통해서 얻는 게 뭐에요?"

사실 여러 가지 도전들을 한다고 눈에 보이는 드라마틱한 결과물이나 보상 따윈 별로 없다. 심지어 모든 도전이 다 성공하는 것도 아니다. 다만 내가 경험해 보지 못한 새로운 분야를 경험함으로써 한층 더 넓은 시야를 가질 수 있다는 것, 그리고 도전을 통해 스스로 무엇인가를 해냈다는 성취감, 마지막으로 어떤 일이든 해낼 수 있을 것이라는 자신감을 얻을 수 있다. 이 감정은 단순히 자만이나 잘난 척과는 다른 감정이다. 바로 스스로가 무엇이든 잘 해낼 수 있다는 '믿음'이다. 이것은 지금까지의 많은 도전들이 나에게 가져다 준 것이다. 앞으로 살아가며 내가 경험하게 될 새로운 도전들이 무엇이 될지는 전혀 알 수 없지만 벌써부터 가슴이 두근거리고 기대가 된다. 앞으로도 나는 새로운 꿈을 꾸며 꿈이라는 이정표를 따라 다시 한 번 달려 볼 생각이다.

오늘은 늘 먹던 익숙한 음식이 아닌 새로운 메뉴에 도전해 보고

가 보지 않았던 낯선 골목길을 걸어 보는 것이 어떨까?

Epilogue

"현실주의자가 되어라, 그러나 언제나 불가능한 꿈을 가슴에 품어라."

— 체 게바라

쿠바의 혁명가, 체 게바라가 했던 말이다. 너무나 함께 있을 수 없을 것만 같은 '현실주의자'와 '불가능한 꿈'이라는 단어가 들어간 이 역설적인 문장을 처음 접한 순간, 내 머릿속에는 많은 생각들이 떠올랐다.

살아가면서 현실을 직시하는 것은 굉장히 중요하다. 아무리 멋진 꿈과 계획을 가지고 있더라도 그것이 실행할 수 없는 비현실적인 것이라면 한낱 허황된 목표가 될 것이다. 그런 의미에서 우리는 현실주의자가 될 필요가 있다. 하지만 그럼에도 불구하고 우리는 불가능에 가까운 꿈을 항상 가슴속에 품고 살아야 한다.

지금 생각해 보면, 살면서 마라톤이라고는 경험해 본 적도 없는 내가 250km의 사하라 사막을 달리는 일은 사실상 불가능에 가까운 꿈이었다. 어떠한 꿈도 없던 상태에서의 나의 능력으로는 마라톤 10km도 완주할 수 없었을 것이다. 하지만 250km의 사하라 사막 마라톤 완주라는 꿈을 꾼 순간부터 나의 도전은 이미 성공이었을지 모른다.

사막 마라톤에 도전하면서 나는 내가 생각하는 것보다 훨씬 강한 사람이라는 것을 알게 되었다. 나도 모르는 나의 잠재 능력을 끌어올리는 가장 좋은 방법은 불가능에 가까운 꿈을 품고 끊임없이 도전하고 노력하는 것이다.

현실의 안주로부터 오는 편안하고 익숙한 일상은 달콤하다. 굳이 변화를 추구하지 않아도 별 문제 없이 흘러가는 지금의 일상이 꽤나 만족스럽게 느껴지기도 한다. 하지만 익숙하고 편안한 하루는 결코 스스로를 성장시킬 수 없다. 아마 웨이트 트레이닝을 해 본 사람들은 알 것이다. 근육을 키우기 위해서는 지금보다 더 큰 새로운 자극이 끊임없이 필요하다는 것을. 이것은 삶에 있어서도 마찬가지로 적용된다고 생각한다. 환경에 익숙해졌다는 것은 안정적일 수는 있겠지만 새로운 자극이 없는, 다르게 말해 더 이상 성장이 없는 상태가 아닐까?

'현실'이라는 벽은 높지만, 앞으로도 불가능에 가까운 꿈을 가슴속 한편에 품고 사는 '현실주의자'로 살아가고 싶다.

You only live once,

소아암 환우 후원자 명단

서울아산병원 모아사랑 참여자 일동, 호남대학교(간호학과, 총동창회, 랄랄라 스쿨), 대한간호협회, 김영민, 김종운, 이지은, 강대준, 이지영, 이수연, 김애지, 이영은, 서다은, 김순희, 이선주, 김세라, 김동선, 정보라, 정선영, 김다영, 이선영, 정미진, 박아현, 김보람, 이가영, 권도영, 김도흔, 박성훈, 윤믿음, 이정은, 김지원, 송유길, 박슬기, 이상은, 송기원, 백의연, 박창민, 류안영, 정문경, 안주현, 안혜상, 김정현, 김남규, 김금재, 방주웅, 장재윤, 전미진, 정인용, 서유주, 김다혜, 유연길, 조여경, 홍순형, 권 현, 지수진, 임채만, 서하나, 한상혁, 이동욱, 김민진, 조성지, 유선영, 정세희, 윤원준, 이진하, 김태림, 김가연, 김효준, 이성용, 김혜목, 박혜정

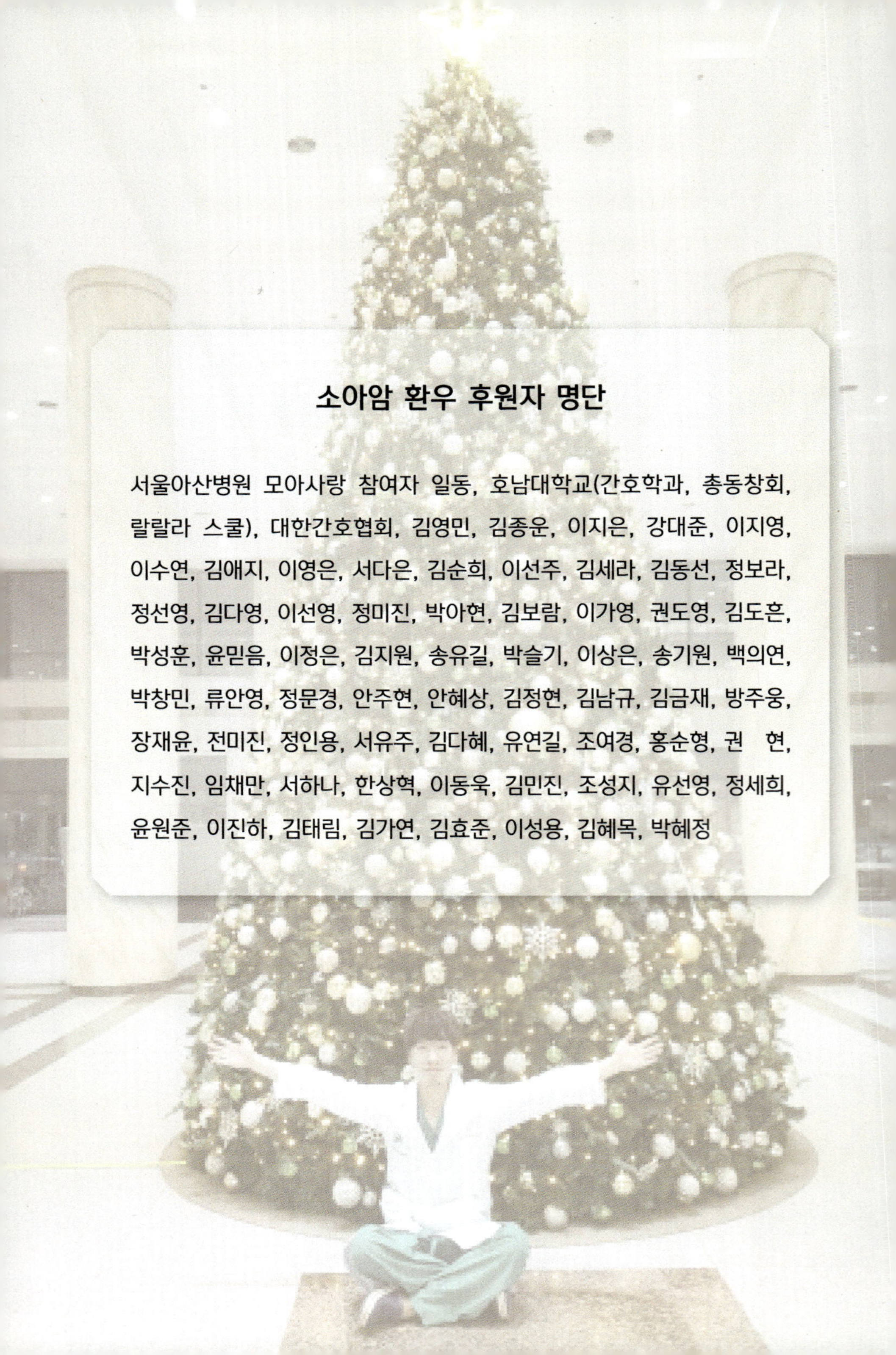

사막을 달리는 간호사

초판 인쇄 | 2019년 3월 15일
발행 | 2019년 3월 22일

지 은 이 | 김보준
발 행 인 | 모형중
디자인·편집 | 윤수현
사 진 | 김보준, Racing the Planet
발 행 처 | 포널스출판사
등 록 | 제2017-000021호
등록기준지 | 서울시 강북구 노해로8길 22 경남아너스빌 311호
강 북 지 점 | 서울시 강북구 삼양로 104 1층
전 화 | 02-905-9671 Fax. | 02-905-9670

포널스출판사 FORNURSE
www.fornursebook.com

도서 반품과 파본 교환은 본사로 문의하시기 바랍니다.
검인은 지은이와의 합의로 생략합니다.

ISBN : 979-11-5746-876-8 03810
정 가 : 14,000원